# 融资就这么简单

## 策略+操作+案例

李金山　马定强　罗华◎著

中国铁道出版社有限公司
CHINA RAILWAY PUBLISHING HOUSE CO., LTD.

## 内容简介

本书是专门为想要借力资本，成功创业的企业领导人、筹集资金的创业者量身打造。

本书立足于专业知识，轻松获取，侧重实用性，通过图表和案例讲解，告诉读者如何才能更轻松地融资。全书图文并茂，通俗易懂，使读者一看就能轻松掌握，便于应用到融资的准备工作中去。本书适合企业老板、想要创业的个人、对融资有兴趣的读者阅读。通过了解资本真相、融资游戏规则，让创业者在商业游戏中成为最终的受益者。

**图书在版编目（CIP）数据**

融资就这么简单 ：策略+操作+案例 / 李金山，马定强，罗华著. —北京：中国铁道出版社，2017.4（2022.1 重印）

ISBN 978-7-113-22569-8

Ⅰ.①融… Ⅱ.①李… ②马… ③罗… Ⅲ.①企业融资 Ⅳ.①F275.1

中国版本图书馆 CIP 数据核字（2016）第 289125 号

**书　　名：融资就这么简单：策略+操作+案例**
**作　　者：**李金山　马定强　罗　华

---

**责任编辑：**张亚慧　**编辑部电话：**(010)51873035　**邮箱：**lampard@vip.163.com
**封面设计：**MXK DESIGN STUDIO
**责任印制：**赵星辰

---

**出版发行：**中国铁道出版社有限公司（100054，北京市西城区右安门西街 8 号）
**印　　刷：**佳兴达印刷（天津）有限公司
**版　　次：**2017 年 4 月第 1 版　2022 年 1 月第 2 次印刷
**开　　本：**700 mm×1 000 mm　1/16　**印张：**15.5　**字数：**163 千
**书　　号：**ISBN 978-7-113-22569-8
**定　　价：**45.00 元

---

# 前言

## FOREWORD

面对资金，还在望梅止渴吗？

2014年9月夏季达沃斯论坛上，李克强总理在公开场合发出“大众创业、万众创新”的号召。要在960万平方公里的华夏大地上掀起“草根创业”的新浪潮，形成“万众创新”“人人创新”的新生态势。根据总理批示，全国掀起创业潮，平台搭建、地方政府支持等政策接踵而至。有了国家的支持，天使投资人、PE私募、银行等投融资机构开始活跃起来。

其实，商界里有两种人最痛苦，一种是有钱不知道该做什么，拿着钱到处找项目的人；另一种是想创业却没有钱，拿着项目到处找资金的人。如果能将两者结合起来，就能一拍即合，从而形成供需双方的资源整合。

有资料显示，我国中小企业平均寿命是2.5年，也就是说，几乎每天都有数百家中小企业宣告破产或倒闭。虽然倒闭原因多种多样，但仔细思考不难发现，任何一家企业倒闭都是因为资金链断裂。没有资金就无法做品牌宣传；没有资金就无法研发新技术；没有资金就没有办法雇用专业人才。其实不然，已发展成熟的大规模企业，想要发展市场已饱和，不发展又无法突破，为此必须转型或走向资本市场，操作这些项目，依然需要大把资金的支撑，甚至必须雇用专业的人才与获得 PE 私募的支持，才能助企业一臂之力。由此看来，现金流是一家企业的生存之本。

李克强总理的号召，掀起了创业潮，虽然国家搭建平台，地方政府提供支持，但依然是杯水车薪，国家的政策远比不上创业的人群。创业者想要实现“创业梦”，想要拿到政府的资金支持，在目前的国情下，不仅项目要符合国家支持的政策，还要有相当深厚的人际关系。为此，实现创业梦必须借助专业的投资机构。

投资人的钱这么好拿吗？什么样的项目才能入投资人的法眼呢？创业者又该怎样完善项目引起投资人的注意呢？

纵览如今的市场，上至苹果、谷歌等商界巨头，下至电商网店，如韩都衣舍、三只松鼠等，几乎大部分的企业都有过融资经历，只不过各家企业融资的手段不同。他们完善了商业模式，对接了平台，找到了盈利模式，自然有大把资金支持。如果创业者也能通过学习，把项目亮点找到，构建出独特的商业模式，写出一份专业且吸引投资人的商业计划书，对接到能帮助自己的平台，也能找到属于自己的天使投资人。

那么，怎样才能做到这些呢？本书给出了答案。

本书主要立足想借力资本，成功创业的企业领导人、筹集资金的创业者。针对融资的概念，融资中如何制造项目亮点，如何写商业计划书，融资中的谈判及上市等各种问题进行了详细阐述。在融资过程中，最重要的就是解决各个环节的问题，故如何解决融资中的问题是本书的重点。看完本书后，不仅中小微企业能融到资金，规模较大的企业，还能实现挂牌上市等目标。

为了突出和实现本书的实用价值，书中既讲融资道理，又讲融资中的小窍门，还介绍了大量的融资方法和模式，帮助创业者解决“融资难、门槛高”的问题。

无论你是一个有创业梦却缺乏启动资金的创业者，还是一个坐拥数亿元，但需要大笔资金注入的企业主，在本书中都能找到适合你的融资渠道。很多时候，融资不难，难的是没有方法和渠道，只要解决了融资中的问题，融资就变得不再困难。

融资成功后，问题就解决了吗？非也！

融资成功，创业才真正开始，创业者要学会规避各种风险。

创业是一场“游戏”，融资也是一场“游戏”，在这场游戏中有人伤痕累累，有人春风得意。其实，融资并不复杂，学习了就能去经历，经历了也就懂了。希望在融资的路上，每一位创业者都能唤得春风，让创业成为你值得骄傲得意的事情。

编　者

2016 年 10 月

# 目 录

C O N T E N T S

## 第二章 CHAPTER 找到商业模式——打造投资人喜欢的项目 / 025

商业模式、创业模式是企业和项目的亮点。不同时期的企业有不同的商业模式，不同的项目有着不同的项目模式，企业发展不同时期，自然也有不同的融资模式。企业发展离不开资本，资本和企业是发展中的“两条腿”，用“两条腿”走路，才能走得更快。但想借投资人这条大腿，却不是那么容易。没有完善的商业模式，不根据企业实际情况出牌，融资就不会成功。本章让创业者学会自我判断，根据商业模式、企业的特色，让创业者找到适合的投资人。

创业需要好的团队和项目，想把团队和项目推销出去，换回资金，则需要一个媒介——商业计划书。商业计划书类似于“情书”，打动了投资人，他们就愿意与创业者继续交往下去，甚至愿意付出“嫁妆”，与创业者共同管理一个“家庭”。对创业者而言，商业计划书是必须去重视的东西，好的商业计划书会为创业者赢得接触更多投资人的机会。

## 第四章 CHAPTER 谈判中不玩花样——可靠、双赢的局面才能拿到投资 / 085

与投资人谈判，双方会晤要持续数小时，在未结束之前，创业者应正确理解双方的关系，时刻围绕商业计划书来回答问题，知道哪些问题不能讲。谈判结束时，也应该表现得非常积极，给投资人留下好印象。总而言之，只要还未签订投融资协议，创业者就要时时警惕着，做到不出大的差错。因为融资谈判投资人不仅看项目、看企业，还要看创业者的人品。

第五章
CHAPTER

## 兵来将挡——与投资人打交道秘籍 / 105

资本市场，每天有无数企业获得资金，也有无数企业被投资人拒绝。如果细心观察就会发现，资质、项目、背景、规模差不多的企业，在同一个投资人面前，待遇却相差很远。造成这一差别的原因在哪里呢？这就涉及融资的技巧。找到了方法，投资人才会对创业者刮目相看。



第六章
CHAPTER

## 规避风险——找到应对之策 / 121

做任何事都有风险，融资也不例外。所谓融资风险，是指筹资活动中由于筹资的规划而引起的收益变动的风险。而风险又是多种多样的，为了避免和降低风险，企业必须针对不同的风险采用不同的策略，使融资能够成功。另外，除企业自身存在风险外，投资人也可能设下陷阱，让创业者不知不觉中就陷入其中。本章主要讲述风险与应对之策，让创业者在融资前做好应对风险的准备。





上市，似乎很遥远。其实，如果创业者懂资本市场就会发现，哪个阶段的企业都能实现上市，只是时间不同而已。而对于有些企业来讲，已经形成较大的规模，目前正准备走向资本市场，只是不知道该如何运作它，如何找到资金。本章主要介绍企业融资上市，无论中小企业还是规模较大的成熟企业都有详细讲解，为创业者开辟了新的融资渠道。

## 第八章 CHAPTER 融资成功——开启你的创业之旅 / 179

每天有新闻宣布某企业“战略合作”，但许多企业都缺乏“合作战略”。他们把达成合作、签署协议看成“战略合作”，而不是把合作当作实现更大目标的重要手段。对于企业而言，仅完成资金与资产的合并是远远不够的，还需要双方在业务、制度、战略、文化和管理上进行整合，最终实现融合。企业融资成功后，就达成了“战略合作”，但是否能实现融合呢？对于企业而言，融资完成后的问题，一点也没有减少。

在融资的路上，有的企业非常顺利，有的企业一路披荆斩棘。其实，投资人投资任何一家企业，该企业都有其重要优势，有的是模式吸引投资人，有的是项目吸引投资人，还有的是资源吸引投资人。无论哪种模式，都有创业者值得借鉴的地方。本章向创业者介绍成功案例。这些企业处于初创期、发展期、成熟期各个阶段，创业者可以根据成功的融资案例，找到属于自己的融资方法。

# 钱荒吗？——融资轻松搞定

无论哪类企业，想要发展、拓展新项目、增加基础设施建设，都需要大量资金的支持。特别是企业初创阶段，品牌推广、市场营销等方面会消耗掉大量资金；处于成长阶段的企业，想要扩张，也需要雄厚的资金支撑；成熟期的企业，已有相当深厚的实力，殊不知，企业面临转型或想要上市，没有资金支持是万万做不到的。因此，绝大多数创业者资金都不雄厚，寻求资金注入是企业发展中非常关键的一步。

## 1.1 融资的基本概念

中国经济逐渐进入转型期，增幅变缓，产能过剩、消费低迷、人口老龄化等问题接踵而来。对于现在的创业者而言，早已不像过去“下海”那样有大把的机会。特别是在企业初创阶段，也不能像过去那样，随便开个店铺就能盈利。现在做生意要吸引客户、建立品牌、招聘人才等，而这些都需要消耗大量资金。因此，创业者想要创业，有资金支持是必要的。

### 1.1.1 什么是融资

融资（Financing），是指为支付超过现金的购货款而采取的货币交易手段，或为取得资产而集资所采取的货币手段。

融资也称金融。从广义上讲，融资就是融通资金，是货币资金持有者和需求者之间直接或间接地进行资金融通的活动。从狭义上讲，融资就是企业资金筹集的行为与过程。企业根据自身的生产经营状况、资金拥有状况，以及企业未来经营发展的需求，通过预测和决策，从一定的渠道向企业的投资人和债权人去筹集资金，组织资金供应，以保证企业能够正常运转。企业想要发展、扩张，必须依靠融资。

除此之外，还有典当融资与配资。

典当是指当户将其动产、财产权利作为当物质/抵押或将其不动产作为当物抵押给典当行，交付一定比例的费用，取得当金，并在约定期限内支付当金利息，偿还当金，赎回当物的行为。

配资则是期货投资者拥有长期的操盘经验，可是缺乏资金，如果想要扩大盈利只能扩大资金量。这时，企业就会寻找实力雄厚的企业为期货投资者或股票投资者提供大量的资金，而投资者只需交纳一定的风险保证金来承担交易风险，公司提供账户，由投资者进行期货交易，这种配资的方式就称为股票融资，期货融资或股指融资。

一般创业者融资使用最多的是寻找风投或天使投资人，像典当和配资则使用不多，除非有特殊需求。不过，企业融资也应遵循一定的原则，不然就会触犯法律造成刑事犯罪，所以融资一定要在正式、正当的渠道下进行。

### 1.1.2 融资的目的

融资是一个过程，但融资之前，必须知道公司融资的目的到底是什么，只有找到融资真正的目的，项目的融资开展才会顺利。

从发展角度来看，企业进行融资的基本目的是为了自身生产与资本经营的维持和发展，但就每一项具体融资活动而言，一般又受到特定动机的驱使。比如，企业为了正常生产经营发生资金周转问题，临时需要融资；企业为了扩大规模、添置设备、开发新产品、引进新技术等进行融资；企业为了对外融资、兼并其他企业而需要融资；企业为了偿还债务和调整资本结构而需要融资等。无论企业的融资需求是受何种动机驱使，最终都是为了获得经济效益，实现股东价值最大化。

企业融资的目的概括来讲一般有三个：企业扩张、企业还债以及其他动机，具体如下图所示。

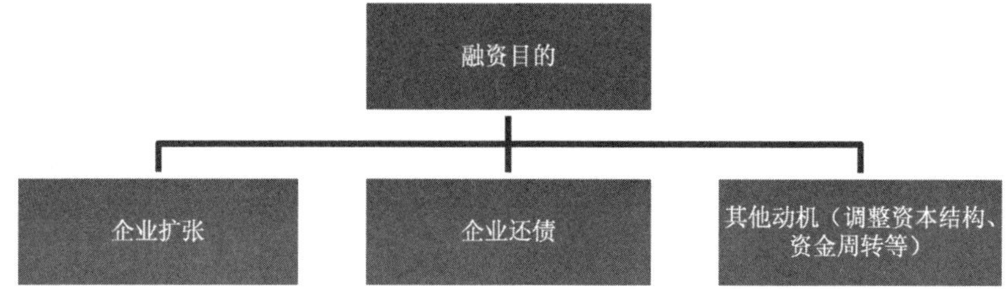


明确融资目的仅是融资的开始，目标才是发展和开拓的商业机会。而企业内有着同样愿景理念的团队，才能对融资需求开展有效的工作。这一点不仅需要创业者自己有清楚的认识，而且也能确保在融资时找到具有相同愿景和价值观的投资人，以对创业者成功和企业的发展真正有所帮助。

### 1.1.3 融资的几种方式

想要获得融资，最好的办法就是找到适合企业融资的方法。一般企业想要获得自身发展所需的资金，有以下几种方式。

#### 1. 政府支持

自从经济放缓后，政府提出了不少扶持的行业。创业者的项目如果正好是政府扶持的行业，或者能够让当地的政府提供担保贷款，则能起到事半功倍的效果，如李克强总理提倡的“互联网+”产业、新能源产业、跨境电商、农村金融/电商等。创业者在融资过程中，如果有这方面的关系可以向这些行业靠拢，充分利用优惠政策，解决企业资金问题。

### 2．资产融资

资产融资就是用公司所拥有的资金做基础的融资方案。这种方式可以筹来短期、中期甚至长期的资金。具体做法是将公司的应收款项（全部或部分）售予资产融资提供者以套取现金，有效地将信贷销售转换为现金销售，加快资金回流。这种方式须有一个双方同意的价格，并定期提交给投资人，当投资人收到发票后，投资人将款项支付给企业，等收到贷款后，扣除相关费用或利息，将差额退给企业。这笔款项可由投资人追收，或企业自行收取。这类融资的关键点则是找到相关业务的银行或风投。

### 3．风险基金

这些年国内出现了一种叫“企业孵化器”的企业，这类企业其实就是类似于风险基金公司。风险基金公司一般投资于处于开创阶段的、有良好市场和产品前景的或管理层收购的企业。近年来，越来越多的风险投资对中小企业有着浓厚的兴趣，尤其处于开创阶段的高科技企业，目前这类投资占风险投资总额的1/3。不过，随着社会的发展，高科技项目越来越多，投资人对项目的要求也越来越苛刻。比如，风险基金会要求持有公司一定股权，要求参与董事会、了解管理层的能力等。在股本结构上，还会要求管理层必须投入一定比例的资金，大约在 25%，这笔资金起到约束管理层的作用。

### 4．直接融资

中小企业的规模和资产还没有发展到具有发行债券的能力，所以设立二板市场成为创业者的一个最佳选择。二板市场对企业连续三年是否盈利要求不那么严格，最低资本的要求也没那么高，这种融资方式非常适合具有广阔发展空间的企业。但是，二板市场具有较高的上市费用和维持二板系统运行费用，这种麻烦削弱了创业者对这种方式的兴趣。不过，创业者有政府的扶持，恰巧有进入二板市场的机会，可以大胆地去尝试一下。

5. 直通款

这种模式也可以叫作典当融资。即将企业的固定资产抵押或作银行担保，从而找到资金。这种方式是最容易融资的一种方式，但对项目的审查较为严格，利息相对较高，最低的年息也在18%，一般在20%，如果是短期融资可以考虑这种方式，但如果是长期融资，就必须考虑其利息费用。

### 1.1.4 融资需要哪些条件

天下没有免费的午餐，投资人只有看到了创业企业有利可图，他们才愿意“解囊相助”。如果企业或项目达不到投资人的标准，他们则不会轻易地“发善心”。所以，创业者必须两手抓，一方面保证企业达到融资条件；另一方面正视企业的内在不足，多修炼内功。

一般企业融资需要具备如下表所示的条件。

| 项目 | 融资具体条件 |
| --- | --- |
| 融资需要的条件 | 申请人应当是经工商行政管理机关核准登记的企业法人，个体工商户或具有中华人民共和国国籍的具有完全民事行为能力的自然人 |
| | 企业融资项目的基本条件多数需要企业成立年限在1年以上 |
| | 申请人申请融资担保，应当具备产品有市场、生产经营有效益、不占/挪用资金、恪守信用等基本条件 |
| | 申请人最好拥有固定资产，能够提供无形抵押担保也是融资审核的重点 |
| | 有按期还本付息能力，如果融资前有债务未清偿，须让投资者认可偿还计划 |
| | 申请人的资金负债率不超过70% |

续表

| 项目 | 融资具体条件 |
| --- | --- |
| 融资需要的条件 | 融资额度不超过公司净资产的 60% |
| | 企业申请人、主要股东、管理人员无重大违法违规行为 |

## 1.2 融资的基本模式

人贵有自知之明，创业者也应该了解自己的企业或项目。如果想要融资就要了解企业或项目正处于什么阶段、什么境地，需要多少资金，寻找什么样的融资渠道。创业者有了清楚的自我认识，才能找到属于自己的融资模式。

### 1.2.1 天使投资

天使投资的前身，就是身边的亲朋好友，由于彼此之间建立了信任关系，打个欠条或口头约定就能拿到资金。后来不少“民间”投资的项目获得成功，让一些有商业头脑的人看到了市场前景，逐渐演变成为专门的投资公司。所以，由此可以看出，天使投资适合较小的投资项目，也适合独自创业的创业者。

这类创业者大多是技术或销售出身，他们往往有着好的创意，对自己所了解的市场有一定的见解，有梦想有野心，却在资本运作、企业管理、资源利用等方面缺乏成熟经验。创业者想要拿到天使投资的资金，必须有值得信任的人品和一个可靠的团队。他们并不会因为一个“好点子”就投资创业者的项目，他们更希望创业者具有成熟的、可执行的商业创意。由于创业者在某些方面的不足，所以一般天使投资在投资后，会在所投资的公司内安排一位董事，并与其他高层一起为公司在经营和管理上提供指导性的建议。这些天使投资人都是投资业的专家，他们非常懂得如何发展公司，给公司市场定位，以及了解项目的商业模式、产品销售模式等。所以，创业者在寻找天使投资时，必须做好与他们一起经营公司的准备。

由于天使投资的参与，不少创业者会抱怨他们与自己的创业梦想不同。创业者的创业初衷可能是为了实现梦想或做一份事业，而天使投资只在乎自己的资金是否安全，在两者的目标相悖的情况下，很可能导致创业者对公司失去信心。但无论如何，都不能做道德败坏的事，因为天使投资机构之间会互通消息，一旦创业者在这个行业内失去信誉，那么就意味着他再也别想拿到任何机构的资金了。因此，创业者觉得委屈时，可以将不满或不同的想法直接提出来，一定不能消极怠工，或让天使投资机构失去信任。

只要天使投资投钱，就等于认可了创业者的能力，即使项目投资失败，他们还有可能与创业者保持合作关系。比如，将创业者安排到另外一个新投资的公司中担任管理者。所以，创业者一定要认真做事，不要怕目标不同，一定要在运作过程中多积累人际关系提升实力。只有这样，才能在创业和职业发展中都有收获。

### 1.2.2 风险投资

风险投资就是人们常说的 VC（Venture Capital）。他们一般喜欢通过向富人们募集的方式以及其他渠道筹集资金，再通过运作，把手中的资金投向一些有潜力、有价值的企业，并最终获得高额回报。这种投资形式就是风险投资。

在中国，一切具有高风险、高潜在收益的投资，都是风险投资。面对风险投资，创业者总是想，能拿到的资金越多越好。当风险投资人问创业者到底需要融多少钱时，很多人却回答不上来。他们有时会想，有的企业融资 1 000 万元，那么我也融资 1 000 万元；我的企业市值 5 000 万元，我最多愿意出让 20%的股份，那么我就融资 1 000 万元吧！这种融资数额的不确定性，很可能是导致融资失败的原因。当创业者准备好项目时，就必须准确地说出自己所要融资的项目数额，这样风险投资人才能判断这到底是一个多大的企业。因为对于他们来讲，仅需融资几百万元的小项目他们根本看不上。他们财大气粗，希望将资金投资在更大的项目上。并且，如果企业出让的股权不高于 20%，对于首轮融资来说，他们也没有多大兴趣。所以，风险投资适合发展到一定规模的企业。如果创业者是这类公司，可以考虑风险投资。

那么自己怎样才能准确判断公司需要多少资金呢？一般而言，预算的金额会比实际花销少很多。如果预算差不多，也要给下一轮融资预留出一段时间。风险投资的融资周期一般为 6 个月左右，最快的为 3 个月。创业者想要支撑到下一轮融资，就必须保证 6 个月内资金不能断裂。所以，创业者在首轮融资时，需要把预算融资的数额再乘以 1.5 倍，这才是准确的融资数额。如果预算融资金额过大，首轮融资就要考虑出让 40%的股份，这很可能导致创业者失去对公司的控制。因此，首轮融资时，可以自己的资金垫底，将首轮融资的数额降低，以防止股权被稀释。

在寻找风险投资人时，可以通过身边的朋友介绍适合的 VC（创业者已有部分实力，应为融资做准备，接触圈内朋友），或通过微博、QQ、微信等社交媒体，主动联系他们，与他们套交情，并成为好朋友。只有踏入 VC 圈子，才能有机会向风投们施展自己的能力、企业、项目等。

### 1.2.3 私募股权融资

私募股权融资即人们常说的 PE（Private Equity）。PE 是指通过私募对私有企业，即非上市企业进行的权益性投资，在交易实施过程中附带考虑了将来的退出机制。这种融资模式即通过上市、并购或管理层回购等方式，出售持股获利。

与其他融资模式相比，私募股权融资需要创业者的企业有一定的产业资本，并在寻找资本与产业结合的接入方式。如果创业者的企业已有了一定的规模，可以考虑私募股权融资，相比其他融资模式，私募股权与其他融资模式有着较大的区别，如下表所示。

| 项目 | 具体内容 |
| --- | --- |
| 私募股权融资的优势 | 企业打算公开上市时，私募股权才会介入。私募股权融资的销售和赎回都是基金管理人与投资人私下协商进行的，所以无须披露交易细节 |
| | 私募股权融资大多采取权益式投资方式，极少涉及债权投资。PE 机构注资后对投资的企业有一定的管理权和控制权。他们一般采用购买普通股或可转让优先股，以及可转债权等形式注资 |
| | 私募股权融资的周期一般为 3～5 年，因此 PE 机构喜欢投资有一定规模和有稳定现金流的企业 |
| | 私募股权融资是为上市做准备的资金。这类资金进来后，会对企业的收购与重组产生一定的影响。好处是帮助企业构建多元化的产权结构，并通过私募资源能提高上市概率 |

私募股权一般为企业上市前的注资，因此，PE 机构注资的企业大多是传统行业，像医药、高新技术、房地产、连锁企业等。

### 1.2.4 民间融资

民间融资是指出资人与受资人之间，在国家法定金融机构之外，以取得高额利息与取得资金使用权并支付约定利息为目的，而采用的民间借贷、民间票据融资、民间有价证券融资以及社会筹资等形式，暂时改变资金使用权的金融行为。

提到民间融资，不免会想到“非法集资”。对于普通企业来讲，银行贷款难、放款慢，天使投资、风险投资又有着较大的融资困难，于是，最方便、快捷的莫过于“民间融资”了。但令创业者望而却步的是民间融资如果缺乏管理，就会造成“非法集资”。

那么，什么样的民间融资才更安全呢？

#### 1. 典当抵押

如果创业者有财物或不动产，可以将这类财物抵押给典当行，以此来获得资金。以物换钱是典当的本质特征和运作模式。这类模式不会触及法律底线，并且还能换取一定数额的资金。当期限届满时，赎回所抵押的财物即可。

就融资方式而言，典当行不会考察企业的经营情况，更不会考察企业的信用等级，只查看所抵押的财物是否合法或有价值。并且，从典当行拿到资金后，他们不会要求管理这笔资金的用途。在时间和空间上，典当行放款程序简单，时间短，不受地域性限制，创业者只需凭借有效证件和财物就可获得融资。

#### 2. 有价证券融资

有价证券融资的基本形式是，资金赤字单位在市场上向资金盈余单位发售有价证券、债券、不动产等内容的存单、债券，募得资金，资金盈余单位购入有价证券，获得有价证券所代表的财产所有权、收益权或债权。证券持有者若想收回投资，可以通过市场将证券转让给其他投资者。这种有价证券可以不断地转让流通，让投资者的资金得以灵活周转，而投资人主要靠差额利息或手续费等获得盈利。

### 3. 村镇银行

村镇银行，是指那些为当地农户和小企业提供融资服务的机构。这些机构与某些银行无关，而是一级法人机构，由境内外的民间金融机构、境内非金融机构企业法人、境内自然人出资，在农村地区设立的主要为中小微企业和农民提供金融服务的银行业金融机构。

村镇银行可以吸收民众的公众存款，同样也可以将存款放贷出去，并从事同业拆借、银行卡业务，代理发行、兑付，承销政府债券，代理收付款项、保险业务及经银行业监督管理机构批准的其他业务。

目前，中国正在大力发展农业现代化和农村城镇化。为开发农村、乡镇，政府给予了乡村旅游业、农副产品深加工、农业机械化等项目政策与资金支持。如果创业者手中的项目与新农村有关，可以借助政府的政策支持获得资金。

### 4. 企业内部融资

由于很多原因，创业者想要拿到资金非常困难，在流动资金不足的情况下，可以向职工融资。这种融资方式可以以利率来计算，也可以根据职工投入的资金量，给予一定的股权。与其他融资模式相比，企业内部融资成本较低，创业者与职工之间有着天然的信任关系，因此，在现实操作中，这种融资模式应为创业者首选的融资模式。

### 1.2.5 互联网金融

2013 年阿里巴巴推出“余额宝”后，中国市场上刮起了一阵互联网金融风暴。互联网金融作为一种新兴的金融领域，与传统融资渠道相比门槛更低，更平民化。对中小企业来讲，互联网金融的出现，很可能会改变中国的商业市场。目前，中国有哪些互联网金融平台是创业者可以利用的呢？

#### 1. P2P 信贷

P2P（Peer-to-Peer 或 Person-to-Person）信贷又叫作 P2P 金融。是个人与个人之间的小额借贷交易。这类交易一般需要借助电子商务专业网络平台帮助借贷双方确立借贷关系并完成相关交易手续。操作起来是：P2P 借贷平台作为中介平台，分别与出资人和借款人签订合同，帮助出资人进行理财咨询和方案设计，然后对借款人进行审核，了解其资信及还款能力。当双方借贷意向达成后，平台公司协助双方签订合同并办理抵押、公证手续，当借款人抵押物不足时，可由担保公司进行担保。

P2P 借贷平台是一个为借贷双方牵线搭桥的平台，平台上的资金不进入公司账户，直接由出资人账户转到借款人账户，还款与利息则由借款人直接归还给出资人，实现点对点服务。在双方关系达成后，P2P 平台会收取一定的中介管理服务费。

目前，P2P 借贷平台主要包括如下图所示的几类。

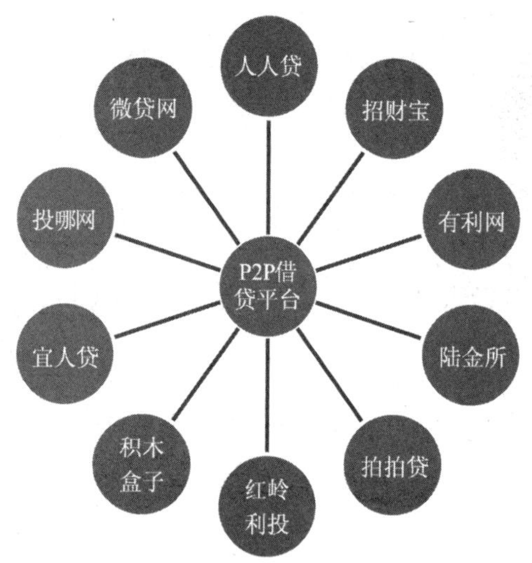


## 2．众筹

众筹即大众筹资，由项目发起人、投资人、平台构成。这种模式具有低门槛、多样性、依靠大众力量、注重创意的特征，让大众投资人支持发起人的个人或组织行为。目前，众筹模式大多用来支持灾害重建、艺术创作、设计发明、科学研究、竞选活动等。随着众筹的多元化发展，众筹的行业也在不断扩大。如果创业者对自己的项目有信心，可以通过这种模式为自己募集资金。

目前，中国众筹类型可分为如下表所示的几种。

| 众筹类型 | 众筹模式及规则 |
|---|---|
| 回报型众筹 | 回报型众筹也叫作奖励型众筹。这种众筹模式的特点是，在筹资过程中，通过给投资者一些好处，而让其在短时间内保持较高的积极性。同时，这种类型的众筹也可以叫作“预销售”型众筹。比如，发起人将某个产品或作品放到众筹平台，投资者如果喜欢发起人的产品，就会投资购买，如果众筹成功，投资人就能获得该产品 |
| 股权型众筹 | 这种众筹模式也叫作股票型众筹。该类模式是通过提供股票或参股形式来筹得资金。比如，创业者有了筹建公司或项目的准备，可以把计划放到众筹平台召集愿意投资的人。只要计划成功，投资人就有权利控股或成为公司的股东，并享受公司或项目的分红和盈利 |

续表

| 众筹类型 | 众筹模式及规则 |
| --- | --- |
| 债务型众筹 | 这种众筹模式也叫作借贷型众筹或贷款型众筹。当创业者需要一笔资金时，可以通过利息回报的方式募集资金。如果公司或项目盈利，不仅要把本金退还给投资人，还要根据当时约定的利息和时间期数给投资人利息。当公司亏损时，也可以从中扣除相应款项，与创业者共同承担风险 |
| 募捐型众筹 | 募捐型众筹是一种经常见到的、非营利性的众筹模式。这种模式通过募捐的形式帮助需要帮助的人，并为他们提供金钱上的援助。比如，向贫困山区的孩子们捐款、给受到自然灾害的难民捐款等 |

目前众筹平台有：众筹网、京东众筹、淘宝众筹、云众筹、资本汇、大众投、人人投、天使汇、点名时间等。

### 3. 第三方支付

第三方支付平台大多是以交易为主，不过也有第三方支付开展了以个人信用支付和企业信用贷款业务。快钱、易宝支付等第三方支付平台，就是面向中小企业提供不需要抵押字据的信用融资服务。这种模式主要是第三方支付平台通过信息化的方式对企业的合同量、交易量、资金流等数据进行分析，并转化为银行认可的信用。当第三方支付平台对企业有了一定的了解后，将自有资金或从银行、小贷公司贷款，以“垫付”“保理”的形式为中小企业提供资金。

这种模式需要创业者有一定的业务在第三方平台上，才能得到他们的帮助。由于该模式不需要资产抵押，又能实现跨产业链融资，所以是中小企业互联网融资的首选模式。

## 1.3 融资的风险

融资风险不仅有“非法集资”类的法律风险，还有在筹资过程中而引起的变动风险、经营风险、财务风险等。这些风险不仅会让投资人对创业者失去信任，还有可能因此给企业带来危机。为此，创业者必须了解融资中存在的风险，只有对风险越了解，才能在融资中做到规避风险。

### 1.3.1 融资风险的基本类型

创业者在筹资时，就应该确定最佳资本结构，使企业价值最大化，而不是盈利最大化。因为当经营风险因经营的原因而导致利润不确定时，就会影响企业的最佳资本结构。而利润的不确定，也必然会引发财务的不稳定，这很可能引起债务上的危机。所以，企业越关注企业价值最大化，风险就越小；反之，风险越大。

融资风险的基本类型一般包括如下表所示的几种。

| 风险类型 | 含义 |
| --- | --- |
| 信用风险 | 指项目有关参与方不能履行协定责任和义务而出现的风险。比如，投资人是否可靠，是否具有专业能力，是否具有承诺的资源等 |
| 生产风险 | 指在项目试生产阶段和生产运营阶段存在的技术、资源储量、能源和原材料供应、生产经营、劳动力状况等风险因素。比如，技术在生产过程中出现问题，资源能力短缺，人员、经营管理出现的风险等 |
| 完工风险 | 指项目无法按时完工、延期完工或完工后无法达到预期运行标准而带来的风险。比如，项目试生产阶段融资后出现问题，未按时完工导致的利息，贷款偿还带来的风险等 |

续表

| 风险类型 | 含义 |
|---|---|
| 市场风险 | 指在一定的成本水平下能否按计划维持产品质量与产量，以及产品市场需求量与市场价格波动所带来的风险。比如，价格风险、竞争对手带来的风险、市场需求发生变动带来的风险等 |
| 金融风险 | 指在项目融资中的利率风险和汇率风险。比如，利息上涨、通货膨胀、汇率变动等带来的风险 |
| 政治风险 | 指国家、创业者和投资人都存在一定的风险。比如，联合抵制、制造违禁品、经济政策稳定性风险、税收制变更、某一方面存在严重道德风险等 |
| 环境保护风险 | 指由于满足环境保护法规要求而增加的新资产投入或迫使项目停产等风险。比如，制造业污水排放控制、禁止辐射物等有害物质的风险等 |

### 1.3.2 融资风险的基本成因

企业在融资时需要面对如此多的风险，其主要受到内因和外因的双重影响。在内因方面，不少企业刚刚创立不久，资金和人力配置都相当薄弱，内部管理体制不完善，导致业务中不确实的风险加大；在外因方面，中国经济体制和金融体制在改革进程中，制度和环境都对企业造成客观影响。不过，就多数企业风险成因总的概括来看，一般存在于制度因素、人力资本因素和观念因素三个方面。

#### 1. 制度因素

企业刚刚兴建不久，制度的不完善导致内部管理混乱。创业者在融资时，如果对投资人没有诚实地交代管理上的问题，就会在融资后引发信用风险、流动性风险、操作风险、法律风险、道德风险等多种风险。

为了避免风险，创业者需要公开资料，让投资人了解企业真实信息，并在融资后，将内部管理的整顿、管理政策制度、经营目标和工作程序的变动如实上报给投资人，这样才能借助投资人的管理能力、资源运作能力，帮助企业应对风险，从而将风险降到最低。

2．人力资本因素

人力资本风险是企业员工所具有的技能、知识与健康水平，它是企业知识资本的基础，同时代表着企业解决问题的能力。当人力资本强大时，企业解决问题的能力必然提升，生产风险、完工风险、市场风险、政治风险等就会降低。

为了提升企业人力资本，创业者必须注重培养团队解决问题的能力，并采用注重效率、强调优胜劣汰制，让那些能力不足的员工从企业中筛选出去。此外，高素质、高学历、高信誉和富有责任心的管理人员，有助于树立企业的威望和信誉。所以，领导层变动频繁、业务人员素质低下或管理人员效率不佳，都有可能提升风险和降低企业在投资人心目中的地位。

3．观念因素

企业在创业之初为创业者所有，当成功融资后，企业归创业者和投资人共有。这时，难免会因观念不同而导致风险。比如，创业者注重做事业，投资人更注重是否盈利、能否圈钱等，一旦双方之间的关系变得畸形，风险就会提高。为此，创业者必须注意与投资人在观念上是否保持一致，如果观念不同，也应该在观念产生分歧时及时修正，以降低风险。

### 1.3.3　如何控制融资中的风险

对于企业而言，在融资过程中以及融资后，风险的控制是至关重要的，创业者如何做好风险控制是必须要面临和解决的问题。那么，如何才能控制融资中的风险呢？

### 1. 分析企业财务

负债、财务控制不足，风险就会提升。当负债总额或负债资金所占比重过高时，利息费用支出增加，收益就会降低，甚至导致丧失偿还能力而破产。所以，创业者必须从财务分析入手，加强日常财务管理，提升财务人员素质和能力。

### 2. 分析企业管理制度

企业管理制度混乱，企业经营、现金流入量和资产的流动性、生产风险、完工风险等必然提升。为了降低企业在管理上的风险，必须从管理入手，调整内部结构。调整内部结构一般从 4 个方面入手，如下图所示。

进一步防范管理工作，在实际组织结构时，既要职责明确，又要建立经济业务处理的分工和审核制度，严格规范财务工作体系

对每一个资金运作的项目做到科学严谨的可行性评价，不盲目投资，更不能为了融资而融资。面对困难应从个体实际出发，关注资本运行、资本投资、融资顺序等

提升企业信用度。从财务偿还能力和工作监督与控制中提升，从团队人员配制中提升，从项目活动、后续管理中提升

建立风险预警管理机制，将融资风险过程中所涉及的风险预警进行采集、整理、分析与加工，完善管理机制。对于这种风险的管理，通过抽掉员工组建小团队来进行兼职管理，是比较可行的做法

### 3．分析融资方式

融资方式、机构不同，企业在发展时需要面临的问题也不同。比如，企业选择银行贷款与投资机构处理方式有所不同；互联网金融与民间融资的处理方式又有着较大的差异。为此，企业须提升对投资团队（投资人、机构等）的认知，从不同角度、不同程度找到可能存在的风险，从而帮助企业将风险降低。

## 1.3.4 走出融资风险的误区

降低融资风险后，难免在融资时陷入不被看好的风险中。融资是企业发展的关键环节，创业者不能把融资看成一个短期行为，认为解决企业暂时的困难，让某个项目实施就算融资完成，这样的想法融资成功的可能性极小。创业者想要让企业或项目入投资人的“法眼”，还需要避免在融资过程中所导致的不成功的风险。

### 1．过度诚实或不诚实

有些创业者为了在融资时能打动投资人，会过度粉饰财务报表、项目预期、市场前景等，会将大部分时间放到如何吸引投资人上；而不是如何把项目做好，让项目看起来更能打动投资人。在投资人调查中，虚假信息如果能掩盖过去，即使拿到投资人的资金，也会在后期经营中凸显风险，一旦出现风险，创业者的信用、道德都将大打折扣，严重者会构成刑事犯罪。

与过度粉饰相反的是过度诚实。创业者自认为企业经营良好，只是目前遇到了困难，只要拿到资金就能给予投资人回报，因此不愿意花时间思考如何包装项目，导致在融资过程中频频受到打击。

### 2. 缺乏融资规划

个人创业者一般较为清楚目前的经济状况，当项目规划好后，他们一般会想到融资，并着手融资事宜。而企业创业者却多数在企业面临资金困难时才想到去融资，甚至不少企业创业者只想找投资人拿钱，一切融资工作都不准备。当企业创业者了解到融资的程序后，再来梳理企业信息，理清产权关系、资产权属关系等事项，很可能会让企业无法渡过难关。其实，创业者应该有长远的考虑，企业在经营状况良好时就应该做好一切应对困难的准备。比如，多与投资人接触建立关系；经常规划企业信息以备及时融资；着眼于新项目开拓新市场等。

### 3. 视野狭窄，对融资认识不够

多数创业者认为融资只需要抵押贷款、在企业内部发放股权或找到投资机构就可以了。但其实融资的每一步都无比艰难。无论创业者希望融资的数额多或是少，资料准备多么齐全，很可能还是无法打动他们。就像企业内部融资，能让员工心甘情愿拿出资金，除了企业未来发展能让员工看到希望之外，创业者的人品也要能赢得员工的认可。创业者想要融资，必须正确认识它，了解它。

### 4. 有钱就行

创业者融资，大多考虑的是拿钱。但在企业经营和发展方面，还应该考虑投资人是否对企业有帮助，是否能为企业提升价值。如果没有，应该考虑其他投资人。创业者遇到困难，一定是企业管理、经营等方面出了某些问题，如果根本问题没有得到解决，即使融再多的钱，依然无法让企业得到真正的发展。

## 1.4 融资的基本流程

从有融资的想法，到将项目送达到投资人手中，再经过审核、调查、筛选等一系列程序之后，才有可能拿到资金。这是一个具有专业分工和程序分工的流程。创业者想要融资，必须了解融资的基本流程，这样才能保证提前做好融资准备。

企业融资流程如下图所示。

创业者向投资机构（VC、天使投资等）提交创业申请作初步审查。企业内部须设立业务负责人，确定调查人 A、B，A 为融资经理，B 为风控经理。（为以后投资人调查作准备）

投资机构对该项目有兴趣，创业者收到回复后提交完整的商业计划书，投资人进入审核阶段

投资机构认可商业计划书后分析创业者的生产及经营状况、财务状况、还款能力及信用记录，记录疑点重点，以便实地考察核实

投资机构与创业者用合同的形式锁定某一段时间做尽职调查工作。调查期间，创业者不能与其他投资机构讨论融资问题。投资人将派人对创业者公司、相关客户、供应商、生产流程、供电、环保等各方面做调查，创业者应向投资人提供调查便利

投资机构讨论通过后，进入价格谈判阶段

确定投资方式、投资条款与投资条件，并签署投资合同（双方各自所占股份；企业组织结构及双方各种担保职务；投资机构控制与保护等）。

谈判结束，资金到账

## 1.5 找到你心中的完美“投资天使”

天使投资人是具有一定净财富的个人或机构，对具有巨大发展潜力的初创企业进行早期的直接投资，属于自发而又分散的民间投资方式。天使投资人经验丰富，不少是退休的投资银行家和创业投资家，他们拥有强大的联合投资者网络，可以联合起来进行杠杆投资。在项目选择上，他们不看重行业，而是看重机会，只要创业者的项目有前途，他们很乐意将资金投入这样的企业中。

### 1. 天使投资人的战略计划

创业者了解天使投资人的投资喜好，才能判断自己的项目是否能入天使投资人的“法眼”。一般天使投资人更喜欢如下的项目和创业者：

（1）看重团队和人：一个项目能否成功，除了是否有前景外，还要看是什么样的人在做。每个项目都有自己的生命周期，一个好的创意也需要团队不断修改才能完成。在竞争中，有执行力、具工作经验的团队无疑是能带来胜算的。对创业者来说，应理清公司模式，聚集有经验的团队，在融资时凭借团队的力量提升企业的价值。

（2）看重未来有趋势的项目：受网络公司暴富的刺激，不少天使投资人的投资领域也发生了转移，从之前的传统行业逐渐向未来有趋势的行业转移。目前，多数经营者、投资者和创业者都喜欢能够带来短期经济利益的技术创新领域。

（3）天使投资有自己的圈子：天使投资人行事低调，喜欢将注意力放到更多项目上。他们手中有钱，喜欢交流，团体会内有一个联动效应。只要有好项目，他们就会毫不犹豫地下手。创业者找到一位天使投资人后，就相当于找到了多位天使投资人，只要项目得到认可，多少钱都不是问题，因为他们也喜欢多人一起投资，分担风险，扩大资源。

## 2. 如何才能找到天使投资人

创业者有了投资的想法，却苦于不知道投资人在哪里。找不到投资人，就等于连融资的大门都没有迈进去。一般能找到天使投资人的途径有如下图所示的几种。

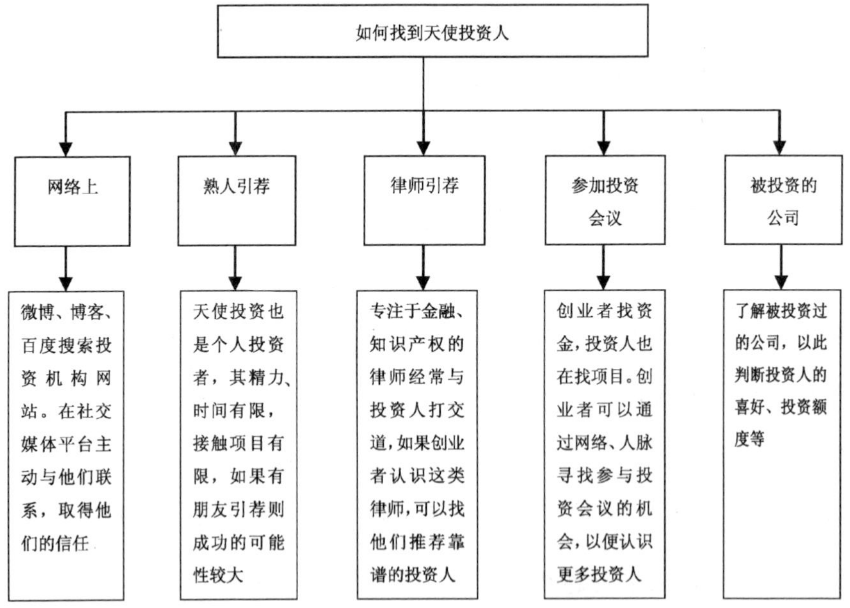

02 第二章 CHAPTER

# 找到商业模式——打造投资人喜欢的项目

商业模式、创业模式是企业和项目的亮点。不同时期的企业有不同的商业模式，不同的项目有着不同的项目模式，企业发展不同时期，自然也有不同的融资模式。企业发展离不开资本，资本和企业是发展中的“两条腿”，用“两条腿”走路，才能走得更快。但想借投资人这条大腿，却不是那么容易。没有完善的商业模式，不根据企业实际情况出牌，融资就不会成功。本章让创业者学会自我判断，根据商业模式、企业的特色，让创业者找到适合的投资人。

## 2.1 创业筹备期融资模式——政策扶持

创业者在筹备期最缺的就是钱。由于企业还未创立，谈判资本只有手中的项目，这期间存在大量不可控因素，投资人需要承担较大的风险，所以这个时期融资是最难的。这个时期创业者融资成功最好的办法就是借助政策扶持。

### 2.1.1 创业初期少不了政府支持

创业者创业对国家来说，是一件造福社会的事。因为再小的企业也能为国家提供税收，活跃市场，解决就业问题。目前，中小微企业提供的就业机会均高于70%，只有提供更多就业机会，国家才能稳定发展。所以，世界各国政府都愿意出资扶持中小微企业和青年创业，中国政府也是如此。因此，初创期借助政府扶持是中小微企业和青年创业者的首选。

多数中小微企业或青年创业者之所以拿不到政府的资金，是因为不知道政府对中小微企业有扶持政策；他们更不懂得如何整理规范的申报文档，不会按照相关领导部门的要求，以规范、科学、研究的语言提出自己的申报要求，这对于中小微企业来讲，真是一种遗憾。

截至2015年6月16日，国家政府扶持的项目具体如下图所示。

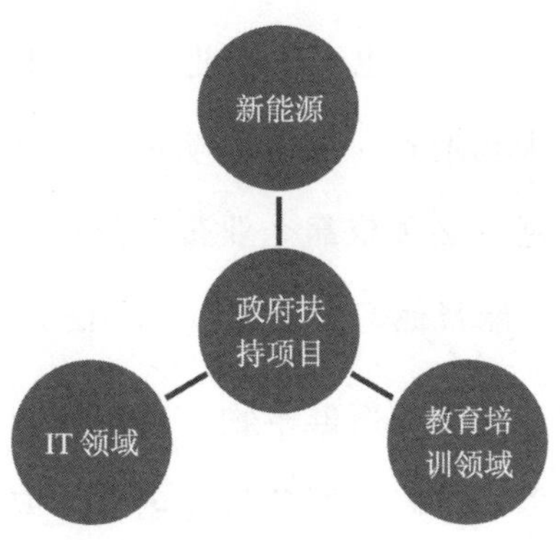


政府行政主管部门根据国家宏观战略，组织相关专家制定相关领域短期目标（2～5 年），同时制订分步计划及任务。并根据整个任务量及权重进行财政资金配比，形成政府专享资金指南下发。只要企事业及其他类型单位满足基本条件要求及自身项目符合指南要求，即可申报。

创业扶持金申请流程如下图所示。

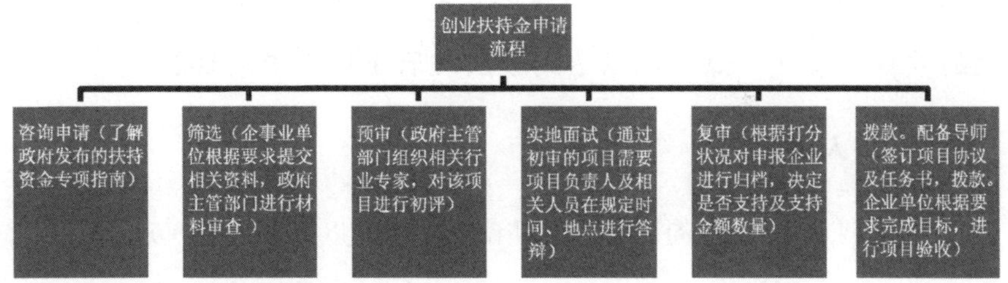


### 2.1.2 如何才能获得政府的支持

每天有大批中小微企业、创业青年需要资金，而政府资金有限，真正能拿到政府资金的少之又少。况且由中国目前国情所决定，政府相关部门还需要进一步完善，与民众的沟通还需进一步加强。

#### 1. 为当地政府想办法

创业者拿不到资金认为自己压力大，其实各级地方政府承受出政绩和转型创新的压力一点也不比创业者小。自2013年通货膨胀平抑后，经济并没有大幅增长。随着环境污染、食品安全问题越来越严重，国家想要发展，必须依靠企业带动经济的增长。地方政府面对压力，也希望有人能帮他们出主意，想办法。

而当下创业者正是接受新鲜事物、喜欢高新技术、对文化创意有兴趣的群体，所以，一般只要项目有创意，或者某个想法对当地经济发展有益，地方政府自然愿意帮助创业者实现梦想。如果有机会，创业者应该多与地方政府交流好想法、好项目。只有真心为当地发展着想，政府才愿意扶持创业者的项目。

#### 2. 寻找特定机会

政府部门每天接触很多创业者，想要直接与他们沟通似乎很难。最好的办法就是利用特定场合多跟政府工作人员接触。一般像产品展销会、创业大会、各种论坛等。在这些地方，创业者可以展现自己的项目、想法、点子，以达到吸引政府工作人员的目的。

#### 3. 熟人引荐

如果创业者身边的人认识政府人员，可以通过引荐与他们联系这样往往能起到事半功倍的效果。除此之外，创业者能结识某领域专家、学者等，让他们帮助推荐项目，也能起到一定的作用。另外，就是建立自己的圈子，像创业论坛、同学联谊会、校友会等，联系上专家、学者，甚至政府工作人员，也能有所收获。

### 2.1.3 除了政策，还要利用其他方法

如果没有得到政府的扶持也不要灰心，创业者还可以寻找其他的融资方法，为自己争取更多的机会。

### 1. 民间众筹

众筹出现后，不少创业者都实现了自己的梦想。这中间不仅有网络投资人的支持，也有亲朋好友的帮助。当一个项目想法成熟后，可以将这个想法告诉身边的朋友，尽量得到他们的支持。不过，就个人投资而言，可能无法凑齐项目启动金，这时，可以借助互联网众筹来完成余下的部分。比如，创业者需要创业资金 20 万元，通过身边好友募集资金 10 万元。这时可以在网络平台发起项目众筹，只要众筹成功，就能融资成功，如下图所示为京东融资平台首页。另外，P2P 信贷、第三方支付，也应该利用起来。创业者还可以将互联网金融平台的活跃分子组织起来，建立互联网社群。只要建立了信任的基础，他们很愿意出资帮助。

### 2. 找资金充裕者帮助

每个人身边总有几位资金充裕者，他们可能不算朋友，但只要认识这样的朋友，创业者就应该试一试。前提是创业者的人品、诚信度一直非常好。资金充裕者手里有钱，但苦于钱不能生钱。如果创业者的项目能打动他们，他们自然愿意解囊相助。不过，因为资金充裕者毕竟不是经营企业的专家，当他们成为“股东”后，很可能会对项目指指点点，造成项目偏离最初目标。所以，创业者在拿到资金充裕者的资助后，一定要处理清楚股权、经营、领导人等事项。

### 3. 向农村信用社贷款

创业者可以通过一定的途径和人际关系向农村信用社贷款。虽然这种情况比较难，但有了他们的推荐和自己的努力，不是没有机会。只是农村乡镇信用社利息较高，大多数解决企业短时间资金链问题。如果创业者要贷款，就要做好项目失败、如何应对还款的准备。

## 2.2 创业初期融资模式——规划商业模式

创办一个企业非常简单，但如果想要将企业经营下去，并得到平稳的发展，则需要商业模式。而对于一个创业初期的企业而言，投资人看重的正是企业有没有自己的商业模式。那么，企业如何才能打造自己的商业模式呢？

## 2.2.1 什么是商业模式

商业模式是“资源的交易”，是企业满足消费者需求的系统。这个系统的组织管理企业的各种资源，形成能够提供消费者无法自力而必须购买的产品和服务。这种模式具有企业独有的，无法被其他企业复制特性。在传统企业中，商业模式包含了企业内部结构、合作伙伴网络和关系资本等，用创造、推销和交付等手段实现可持续盈利收入。当企业能够平衡三者之间的关系时，就能形成自己的商业模式。

创业初期的企业，是创业者某个创意或熟悉某个领域而创造的企业。这种创业初衷会随着企业产品走向市场而不断调整商业模式，也就是商业模式尚未成熟，企业能否生存下去处于待定阶段。这时给企业融资，投资人必定会考虑其中的风险，他们更愿意投资成熟的企业。所以，企业初创后想要融资成功，让商业模式完善起来是首要目的。

### 1. 构建商业模式的元素

做企业的本质是整合资源，创造价值。商业模式就是企业经营者和资源方的交易，任何双方的交易都在为企业做贡献，带着某种回报诉求。如果资源方交易的回报诉求能从企业经营中实现，并能与各方达成交易，就形成了商业模式。一般商业模式常见的资源方及贡献和回报诉求包含几种，如下图所示。

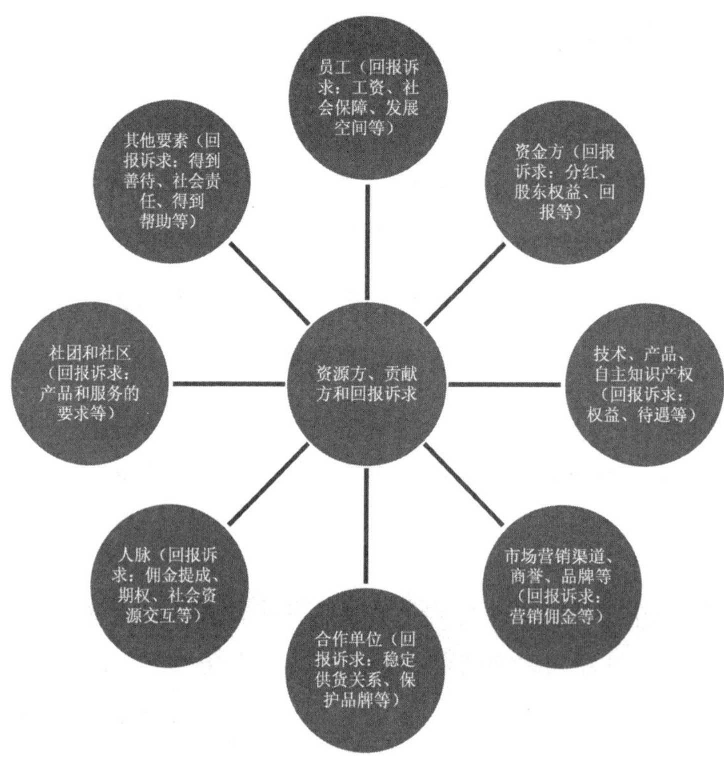


### 2. 模式需要试错

即使是成熟的企业，商业模式也不是一成不变的，也会随着市场的变化而变化。而商场上本身就是一个只讲利益、博弈的地方。如果能将各个资源方的投入和回报诉求达到交易，就意味着商业模式的资本链已经形成。所以，创业者需要在各种回报诉求中平衡他们之间的关系，不断试错、调整以达到最佳状态。除此之外，还应放眼未来的市场。比如，互联网的出现，让不少企业重新构建了商业模式，将互联网的诉求回报加入进来，并根据互联网团队、互联网用户回报诉求，重新搭建了互联网商业模式（O2O、B2C、C2C），互联网模式又与原先的商业模式构成了一个大的商业模式。

## 2.2.2 整合独特资源

商业模式不是学习经营方式，也不是盈利模式，是企业内外部独特的资源交易整合。好的商业模式不可复制，持久赚钱，适配应变。其中“不可复制”才是商业模式的核心，而赚钱、应变则是企业的发展。当三者结合到一起，就有了资源整合的能力。所以，想要整合资源，先要打造出无法复制的商业模式。

### 1．找到“无法复制”的商业模式

无法复制是因为有其独特性，只有独特才能带来创业，带来商机和利润。发现独特资源的途径如下表所示。

| 可发现的资源途径 | 可以利用的资源 |
| --- | --- |
| 从自身发现 | 创业者创业肯定发现了商机或自己有独特的技艺或技能，这些是他人无法复制或不具备的。如美食、艺术、产品专业等。除此之外，自身资源还包括：机器、设备、技术人员、参股公司等 |
| 人脉资源 | 你认识的人，别人不一定认识，这就形成了独特的资源。这部分资源可以找到独特的价值，并让价值为企业所用。不过，人脉资源重要的是共享，创业者必须把自己的资源共享给别人，才能换得想要的资源 |
| 媒体资源 | 近年来，互联网的兴起，让许多企业尝到了甜头。如果创业者身边有这类资源也可以利用起来，帮助企业推广品牌和销售产品。比如，微博大V、微信公众号大V、头条号等 |

### 2．提炼出资源的独特性

一个资源拿到手后，要判断是否与众不同，是否具有强烈的个性色彩，一旦确认该资源有价值，就要立刻宣告对该资源的所有权，以防别人将这个资源从手中夺走。不过，想要了解一份资源是否独特，不仅需要眼光，还需要对某个行业有一定的认知和了解。比如，服装行业。业内大多是生产线生产服装，这种模式既可效仿，也没有其独特性。但如果创业者认识某位设计师、艺术家、佛学家和具有独特天赋的民间艺术家，用他们的领域与服装结合，就能打造出不一样的服装品牌，这就是独特的资源。下图所示为水墨画艺术家服装品牌淘宝页面。

另外，在专业上做到细分，也能提炼出独特性。比如，大家都做手机，钛客推出全息手机，就做到了资源的独特性。

### 3. 整合独特资源，打造商业模式

创业者想要看清企业背后的资源整合，就必须时常问自己以下四个问题：

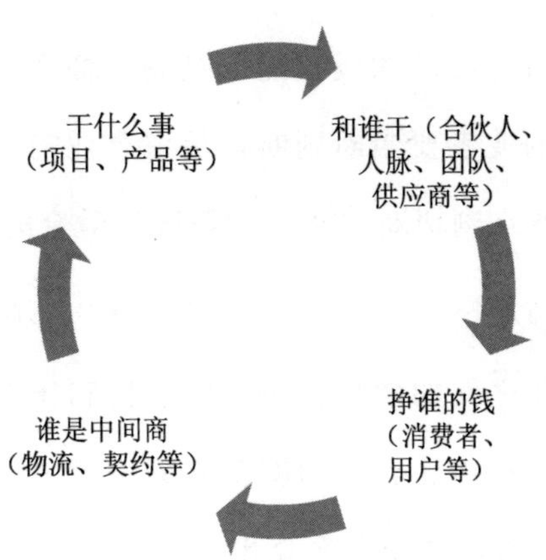


这四个问题环环相扣，缺一不可。任何一个资源方是付出方同时也是回报方，其中少了任何一个环节，项目都无法顺利进行。比如，没有项目，其他的一切都不成立；没有供应商，生产所需原材料等就无法获得；没有消费者，产品就无法销售出去；没有中间商，产品的运输，与合伙人的合同立项也不成立。所以，创业者在融资过程中要不断解答这四个问题，当回答的问题越来越多，答案就越来越清晰。商业计划书交到投资人手中时，这才能成为一个可行的方案。

### 2.2.3 连接独特资源之间的关系，建立商业模式

在打造商业模式时，宗旨是各个资源的双赢或多赢。但有了大的商业模式轮廓后，创业者难免在实践中遇到各种各样的问题，这些问题得不到解决，就会导致闭环断裂，因此而影响企业正常运转和融资。比如，每个资源都涉及切身利益，他们习惯从自己的角度考虑，所以很难与整个资源达成共识。这时，创业者必须学会讨价还价，平衡资源与资源之间的关系。

#### 1. 当断则断，穿针引线

创业者为了能尽快拿到资金，很可能急功近利找到不适合企业

发展的资源。像对方要求的股权配比过高、插手企业管理制度等。面对这类问题，创业者要当断则断，保留企业的原则与底线，如果对方要求过多，就立刻切断关系，重新筛选适合的资源。

而现有的资源中，又难免出现意见不合、分歧、弥补等问题，这时就要学会彼此之间的裂痕，做一些妥协和让步。比如，企业的股权是底线，与股权出让有关的就要立刻切掉。但利益回报要求过高，双方僵持不下时，就要学会让步。

2．热脸不贴冷屁股

与人交往中，真诚、信任是基础。资源方如果不信任你，没有真诚地想与企业联合，就应该学会主动放手。因为“上赶着不是买卖”，投资人如果对企业和创业者不信任、不真诚，在日后企业遇到困难时，他不仅不会帮助企业，还很可能会带来负面影响。所以，只要企业能盈利赚钱，自然有其他的资源主动找上门。

3．用项目吸引投资人

商业市场中，投资人身份独特，他们身边聚集着各种各样想要拿到资金的老板。如果创业者也想与他们合作，就要真诚地将企业项目拿出来，用项目吸引他们。因为，初创期的企业，自身的资源、独特的项目才能吸引他们的注意。

4．空口无凭，最好留下文字记录

在中国谈生意，喜欢聊聊天、喝喝酒，但最后往往人走茶凉，耗时费钱。最好的办法，是每一次谈判时，都能留下文字记录，让双方的“吃喝玩乐”能够认真起来。虽然是非正式文字记录，但完全能够试验出对方是否真心与企业合作。

## 2.2.4 保持商业模式的独特性

资源，创业者每天都在谈论它，但很少有人能将资源真正地运用到商业模式中。企业占有独特资源、提供产品的过程中，已逐渐积累了资本元素。但企业想要未来实现真正的价值，还需要将占有的资源逐步扩展到外部资源，这样才能打造出完美的商业模式。

一般性资源（进货渠道、供货渠道、普通生产线等）不具备独特性，很容易被其他企业效仿，它并不能永远属于你。如果创业者用他人能效仿的资源去融资，那么他人为什么不能这么做？所以，不具备独特性的资源无法实现共赢，别人不愿意将资金融资在企业中。

创业者在企业初创期，必须保证占有独特资源，这样才能有人愿意将自己的资源分享出来。具体来说，商业模式资源的独特性有三点，如下图所示。

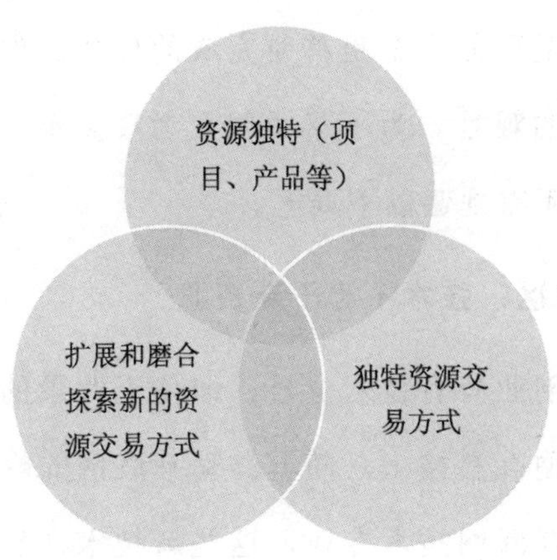


这里的商业模式和多数流行的急功近利投机“新潮”的伪商业模式是不同的。伪商业模式最明显的特点是：复制或效仿他人的模式，企业初建后以投机、拉关系等方法让企业运转起来，实现双赢

或多赢的模式。他们的目的是用一个项目，将别人的钱放到自己口袋里。比如，连锁加盟资本市场以加盟为诱饵，套取加盟费，而不去帮助加盟商共同发展。而这里的商业模式是，创业者有了独特的项目资源，然后去寻找其他资源（人际关系、专家、政府等），使其保持独特性，并根据这种独特性吸引更多的资源融合到企业中，使其达到扩展资源交易方式的目的。

创业是一个艰难的过程。想要从投资人手里拿到资金，必须保证自己有实打实的真功夫。在创业过程中，创业者要提前做好融资的准备，并在资源整合的过程中不断试错寻找新的机会。因为有时资源虽然独特，但这些资源未必能够匹配。所以，融资不能急于求成，只有万事俱备，才能招来“东风”。

### 2.2.5 规避陷入创业初期的融资误区

万事开头难，对于初创期的企业来说最突出的就是缺少资金。所以，拿到第一笔创业资金是首要完成的任务。但令众多创业者深有体会的是融资的艰难。为了帮助创业者攻克难关，以防陷入融资的误区，创业者还需规避以下误区。

**1. 高科技误区：技术不等于新资源**

如今，多数创业者有技术背景，即使无背景的人也能从传统行业中转型到创新型高科技上。随着移动互联网的崛起，越来越多的年轻人从事移动互联网技术专业，这些新技术、高科技看起来是一块甜美的蛋糕，似乎只要踏入科技领域，就能分得一块蛋糕。但事实却是创业者的盲目自大、消息闭塞所致。在国内，领先的技术与国外仍有差距，但因为发达国家对其他国家的消息封锁，导致创业者并不了解这些先进技术。但投资人有着独特的资源，他们稍微一查就能了解到项目被夸大。更重要的是，技术研发距离产品和市场相当遥远，投资人并不认为技术能值多少钱，他们更看重技术投入市场后所带来的回报。

想要规避这种误区，创业者必须要知道技术、精英、人脉等建立的完善的商业模式才是重中之重。创业者只有客观认识自己的定位，多维度地分析企资双方复杂的立体关系，认清自己能提供的价值和能获取的利益，才能吸引到投资人。

**2．企业估值误区：自视甚高，不了解现实状况**

大多数创业者是第一次创业，既不懂得“钱”，也不懂得“人”，对实际估值难免产生偏差。甚至有些创业者认为，企业自我估值越高，投资人越能重视企业，导致其对企业估值过高，让投资人觉得该创业者不够有诚意。

想要规避这类误区，就要了解到科技型企业初创期的估值通常在 100 万元至数百万元之间，避免报价与投融资界的估值行规相差太大。在估值的时候，创业者应该着重向投资人讲解基于先进技术的产品已经占领了什么细分市场，有多少消费者在使用或试用该产品，以及有什么样的销售意向书已签署等，这些与钱和商业模式紧密相关的内容才是估值的基础，才是投资人喜欢看到。

**3．企资对接误区：讲者有心，听者无意**

创业者擅长技术，更关心如何把技术变成现实，而投资人更关心的是能否盈利，能如何以低投入获得高回报。如果创业者一直谈技术细节，投资人则一点兴趣也没有，他们更喜欢听的是该技术投向市场后能否变成钱，中间又有着怎样的困难和风险？

想要规避这类误区，就要少谈或不谈技术细节，而谈新技术对比现有技术的先进特点；谈经济转型注重自主知识产权；强调技术的独特性，它是如何与消费者资源、产业线链条的各个资源对接整合的。只有让投资人看到了整个商业模式借助该技术资源打造出了独特性，他们才愿意考虑投资。

### 4. 企业定位误区：定位模糊，分不清市场在哪里

创业者在路演时，往往会分不清市场究竟在何方。他们总想把市场定位得更大一些，以此让投资者觉得市场无限大。殊不知，这样的定位会让投资人觉得是空谈。比如，女性服装行业，创业者可能会说，中国有几亿女性，做女性品牌，市场前景非常大。又如，APP 项目，创业者或许来说，中国有 13 亿人口，截至 2016 年 1 月 2 日，中国手机用户已突破 10 亿大关，以此来证明中国市场前景广阔。

想要规避这类误区，就必须明确描述出到底什么样的用户在使用这类产品或服务，以及市场上有多少竞争者，又有哪些是目标客户，以此推算出市场空间和份额。只有市场才是成功的要素，才是商业模式最大的资源方。正是因为抓住了特定的市场资源，所以才有了商机。但事实胜于雄辩，创业者必须用数据具体描述出市场，这样才能让投资人放心。

### 5. 思维误区：只想回报，不考虑投资人

不少创业者亟须资金，首先想到的是投资人到底能给多少钱，能不能给钱，而忽略了融资是要达到双赢的局面。投资人不是慈善

机构，他们比任何人更看重利益，如果投资后却血本无归，这和创业失败一样痛苦。而创业者大多没有风险投资经历，不知道企业经营中的资金和管理压力远远超过了技术压力，所以，用“不投钱就是没有眼光的投资人”来思考他们是不对的。

想要规避这类误区，就要多从对方的利益考虑。当收到投资人拒绝的信息时，应该多从企业自身找问题，不断完善企业资源和信息，并真诚告诉对方，希望合作共赢。

## 2.3 创业成长期融资模式——靠平台制胜

成长期的企业发展得好是“草鸡变凤凰”，发展不好就会陷入“沼泽地”。而想要融资的企业，正是因为深陷沼泽，所以才需要投资人的救援。那么，处于发展时期的企业，什么样的模式才是投资人所看重的呢？答案是——平台。

### 2.3.1 什么是平台

近年来经常听到“平台”一词，但多数创业者并不了解平台到底是什么。平台就像“淘宝网”，成就了上千万商家；平台就是阿里巴巴，成就了中小微创业者；平台更是发展中企业融资的地方，因为企业处于成长期，对资金等资源需求急剧扩张，只有平台可以有效聚集资源，同时，也有了搭借平台的条件。平台归纳起来有四个属性，如下图所示。

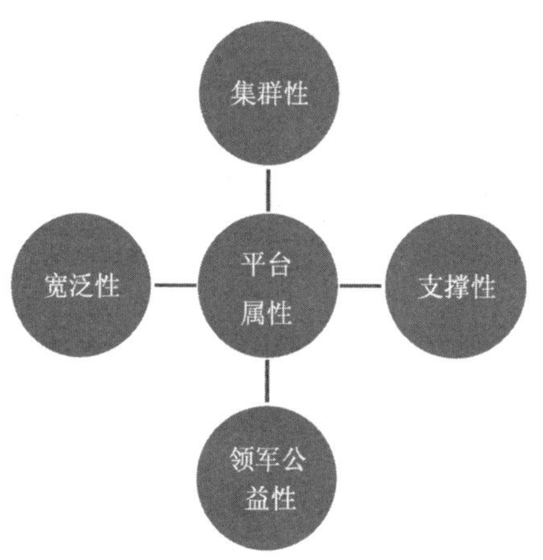


平台的四个属性里，每个不同的平台又有着不同的属性和特点，具体如下表所示。

| 属性 | 含义 |
| --- | --- |
| 集群性 | 该平台由许多个体成员构成，众多成员基于利益吸引和共同兴趣凝聚而成 |
| 支撑性 | 该平台是能够给其成员帮扶和支持的平台，其最重要的属性是，平台必须对于其成员个体有支撑作用，才能显示其存在价值而凝聚成员 |
| 领军公益性 | 该平台主要有热心的领军人或核心骨干构成，长期付出维护平台发展。该平台往往倡导内外部的社会责任公益性 |
| 宽泛性 | 该平台是指平台概念很宽泛，可以是实体，也可以是企业或机构，还可以是企业融资舞台等。比如，投融资联盟、富豪沙龙、论坛峰会、系统、论坛等 |

个体离开了平台，就像鱼离开了水，再大的鱼没有水也会死亡。正如科学家牛顿所说的："我之所以站得高，是因为我站在巨人的肩上。"而任何成长期的企业，想要拿到融资让企业得到发展，就要学会找到巨人，并让他们托举企业。

### 2.3.2 对接平台的三大要点

在商场上，无利不起早。想要对接别人的平台，就要想到能给别人什么利益。平台，意味着双赢或多赢，只有心胸宽和、包容，善于与人打交道的人，才能借助平台与有着丰富资源的人脉建立联系。一般对接平台有三大要点，如下图所示。

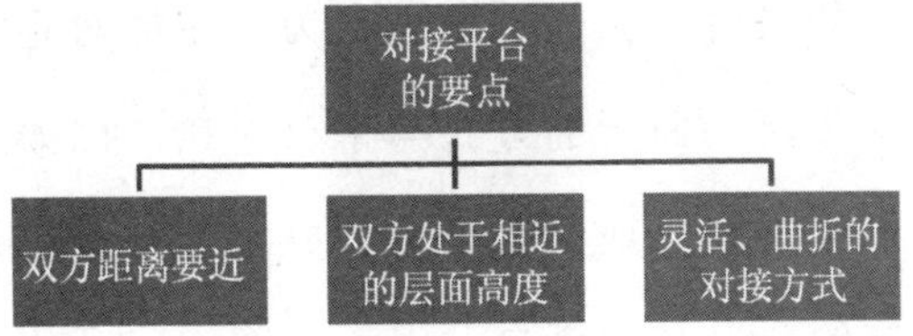


在创业过程中，创业者看准了好的平台，却无法利用该资源，就是“找不到结合点”。那么怎样才能找到结合点呢？解决了上述三大要点的问题，就能找到出路。

要点一：双方距离要近。指的是对接平台的地理距离不能太远，或中间环节不能太多。距离太远、环节太多会造成时间、资金的浪费。同时，不确定因素增加，使平台对接起来很麻烦。为此，创业者想要对接平台，最好从距离较近的平台入手。为了保证找到平台，创业者可以关注这类信息，如新闻、论坛、微博等。

要点二：双方处于相近的层面高度。指的是对接的平台要处于同一或类似的层面，只有两者较为接近，才有可能对接起来，否则再大的平台也无法利用。比如，目前有国家部门开设的“中国国际经济关系学会”“中国国际物流节”“工信部云计算物联网峰会”等平台。参与这类平台的大多是中小企业家、青年创业者和投资界人士。但去了这类论坛后却发现，专家们谈论的却是汇市、黄金、经济等层面的问题，与中小企业家们所关心的问题无法对接，这就产生双方层面差距过大的问题，使这业者无法利用这些平台。为此，创业者找平台时，不能贪图大而广的平台，最好是找一些有经验的企业家、投资家和青年创业者会经常出现的平台。

要点三：灵活、曲折的对接方式。指的是不要幻想能轻易与平台对接上，对接平台需要机会和灵活的方式。实际上，任何一个大平台或距离较远的平台，如果创业者认为一定能对企业有所帮助，那么就要学会用灵活、曲折的方式与平台对接。比如，距离较远的平台，创业者可以查找当地的分公司、办事处等；如果平台过大，就要看平台对接的项目是否离自己很近。像国家开放的论坛，看他们是否有什么任务下达到地方，是否能利用政策与当地的平台对接上等。

### 2.3.3 平台与融资之间的关系

要融资，创业者和投资人之间还没有建立信任关系，使得双方提防心极重。怎么办呢？当然是借助平台。如果创业者对接了平台或平台上的领导者、专家、学者等，那么融资的概率就会大大提升。平台除了能帮助创业者外，还起着间接帮助企业融资的关系。那么，创业者如何才能结识投资人并让他们愿意帮助企业呢？

#### 1. “专家”的必备要素

平台具有集群性、支撑性、领军公益性和宽泛性。创业者在对接上平台后，可以借助平台上的集群效应，进行融资孵化，单独与专家、学者、领军人等搭上关系，提升企业和个人素质。但有些投资人看不上所谓的“砖家”，如果创业者找不对人，不仅不会提升企业，还会降低企业的融资率。

作为平台上能帮助企业融资的专家，必须懂企业又懂融资，而且热心地帮助企业，并在多次交谈中愿意提升企业和创业者的个人素质。这样的专家才是创业者值得信服的专家。

这类专家必须具备两个要素：一是能为企业指出方向，二是能为企业配上资源。

**2. “创业者”的必备要素**

找到好专家后，创业者未必能入他们的法眼，因为有大批想要得到帮助的企业家。创业者想要从中脱颖而出，首先要把自己当成学生，听从专家的意见，并虚心学习专业上的知识。

首先，创业者在学习过程中遇到了问题，才能向他们讨教，因此才能吸引专家的注意。其次，在学习过程中，专家提出的种种建议，最好融入实际的工作中，并百折不挠地去执行，只有解决了细节问题，才能让专家看到你的诚心，并进而得到他的认可。当然，专家是经营方面的专家，能从他们口中听到意见，对于企业来说也是一件好事。最后，勇于吃苦，意志顽强，不轻易放弃，是获得投资人信任的利器。只有不断进取，并为企业一直找方法的创业者，才能打动专家。当他们认可了你的为人，自然愿意为你提供帮助。

### 2.3.4 用平台找平台，提高融资胜算率

平台对平台，是指企业集群的平台与投资机构集群的平台进行对接，以达到促使企业融资的效果。这种平台对平台的模式是多家企业以某种形式进行打包（比如，都是高科技类），构成某种特征的集群，然后一起去融资。当然，投资人也会集合多家机构打造成平台，一起承担风险。这样的操作模式能降低风险，提升企业信用度，是操作起来极易融资成功的融资模式。操作这种模式时需要注意四点，如下图所示。

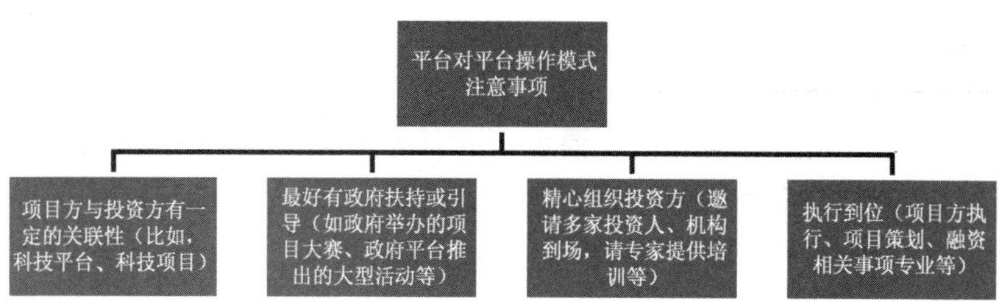


除此之外，由阿里巴巴和建行推出的网络联保贷款，就是多家投资机构打包的投资方。网络联保贷款不需要任何抵押贷款产品，只要由3家或3家以上企业组成一个联合体，共同向银行申请贷款，同时企业之间实现风险共担即可。当联合体中有任意一家企业无法归还贷款，联合体中其他企业需要共同替该企业偿还所有贷款。另外，企业还需满足工商注册年限满18个月，且目前在建设银行各分支机构无贷款余额等各类信息。

## 2.3.5 规避陷入创业成长期的误区

企业处于成长期的创业者已有了经营的经验，但并不意味着创业者有了成熟的心理经验。因为与投资人打交道不同于和客户、政府部门打交道。如果创业者在此时像对待客户吉政府人员那样对待投资人，就会导致创业者陷入融资的误区。

误区一：融资要“快快快”。成长期的企业大多是因为遇到了资金困难才想到了融资。这时创业者就会有一种急功近利的心态，希望融资越快越好。即使对接了平台，也希望能尽快实现融资。但融资是一个缓慢的过程，就算一边寻找投资机构，办理贷款、内部融资，一边对接平台，最快也要1～3个月的时间。更何况从投资人手里拿钱，关系到他的切身利益，谈判、调查、梳理财务等不会一蹴而就。

误区二：打交道的方式不对。创业者按照惯常思维，往往认为吃几顿饭、送些礼物就能拿到融资，这种心态真的大错特错了。投资人需要的是了解企业，他们更喜欢跟创业者谈判，让创业者提供真实的财务报表，拿出专业的商业计划书等。创业者在接触投资人时，往往以为请客吃饭、经过公关活动就能拿下投资人，但如果想要拿到资金，还是应该用投资人喜欢的方式严格办事。

误区三：创业者在与投资人打交道时，总想着占投资人的便宜，利用他们的钱化解自己的风险。殊不知，投资人比创业者更为精明，一方面，他们更懂得资金该如何运作，没有回报的项目和企业，他们是不会投资的。另一方面，投资人见到好的项目，也会与其他投资机构竞争。在 2012 年时，VC/PE 公司、基金公司多如牛毛，好的项目反而成了稀缺资源。那时，很多机构寻找好企业、好项目。如果创业者真的遇到了这类事，不应该沾沾自喜，而是应该不断思考“为什么投资公司会来找我的项目”，只有这样才能发挥企业的独特资源，公平公正地对待融资机构，并在日后的运营中知道如何利用这一优势。

## 2.4 企业成熟期融资模式——VC/PE

企业经过重重困难终于存活下来，到了成熟期。这个时期的企业市场份额逐渐饱和，团队、经营策略已成熟，虽然利润不会逐年下降，但也不会有较大的增长。这时的企业就会面临人们常说的“转型”。但转型是伤筋动骨的事，转得好企业获得再生，转得不好企业则会陷入苦海。为了保险起见，企业需要外部资金进来，而 VC/PE

则是最好的选择。

### 2.4.1 什么是 VC/PE

VC（Venture Capital，风险投资），是指风险投资把资本投向蕴藏着失败风险的高新技术及其产品的研究开发领域，旨在将项目成果尽快商品化、产业化，以取得高资本收益的投资过程。

PE（Private Equity，私募股权投资），是指投资于非上市股权，或上市公司非公开交易股权的一种投资方式。这种模式是通过私募形式对私有企业进行权益性投资，在交易过程中考虑了将来的退出机制，即通过上市、并购或管理层回购等方式，出售持股获利。

VC 在中国是一个经常见到的投资方式，也叫作创业投资。这种投资方式是由职业金融家投入到新兴、发展迅速的、具有巨大竞争潜力的企业中的权益资本。为此，有人把这种现象叫作“砍腿换车”，即砍掉了自己的腿，换了一辆更快的车。砍腿虽然很痛（失去部分股权），但如果能让风险投资进来，就会有更多的股东一起来承担风险。比如，呷哺呷哺在 1998 年创立，自创立以来，一直默默无闻。真正让这个品牌迅速走入人心的是在于董事长贺光启舍得出让股权。他说：“转让控股权最主要的目的就是希望英联（投资机构）今后能够更好、更多地参与呷哺呷哺的发展，为了满足呷哺呷哺在快速成长期对资源、人才、资金等多方面的需求，让出控股权也并无不妥。”获得了风险投资后的呷哺呷哺迅速扩张店面，最终走入了中国消费者的心中。下图所示为呷哺呷哺官方网页。

PE 是一种常见的股权投资方式。私募是在特定的小圈子投资人和机构中进行的。比起 VC 投资，PE 资金量更大，投资人数目更多，所投资的企业属于发展后期阶段。这类企业风险更低，投资回报倍数比风险投资要低。与 VC 的“砍腿换车”不同的是，PE 则是“断手换翅”。企业失去一只手臂，换上了一只翅膀，有了这只翅膀，企业才能飞到更广阔的资本市场。也就是人们常说的，融资上市机制。比如，雷军在 2005 年投资多玩 YY，经过运作，2012 年多玩 YY 在美国上市。

为什么成熟期的企业需要 VC/PE 呢？原因就在于企业发展成熟，下一步想要发展，要么扩张，要么走向资本市场。不过，不少创业者面对高不可攀的 VC/PE，很多创业者望而生畏，但如果了解了基本的运作模式，就知道一切只是故意搞得十分神秘和烦琐。那么，VC/PE 是如何在资本市场赚钱的呢？

首先，VC/PE 通常手里并没有钱，他们通过专业的本领，筛选出有商机的企业后，就去真正的投资人手里找资金。由于他们对某个领域、行业或企业非常熟悉，使投资人很信任他们，所以他们很愿意把钱投给 VC/PE。

其次，VC/PE 投资后，企业不仅得到了资金，还提升了企业的价值。待后续融资或上市时，创业者和 VC/PE 都能获取高额回报。VC/PE 获得回报一般是投资额 2%～3%的管理费，或后续融资上市后的 12%～15%的资本收益费。

最后，真正的投资人虽然提供了资金，但收益却低很多。

## 2.4.2 企业成熟发展阶段找 VC/PE 的好处

初创的企业犹如是一个刚刚大学毕业的“穷小子”，既没经验又没资金，想到抱得 VC/PE 这个“美人”归，似乎有些门不当，户不对。但企业到了成熟期，上了规模，只要 VC/PE 投入资金，有可能上市时，VC/PE 才愿意与企业“联姻”。那么，除此之外，找 VC/PE 还有什么好处呢？

### 1. 规范企业运营需求

每位创业者都想把企业做大做强，企业到了成熟期，更希望能走入资本市场。不过，创业者需要明白的是，做大做强的重要环节是企业能够规范运营。创业者在走入资本市场之前，很少会明白什么是真正的规范运营，所以，VC/PE 的好处是，除了能拿到资金，还能帮助企业做得更规范。比如，VC/PE 投资一家企业前会做调查，规范财务、人事、股权市场及商业计划书等。

### 2. 满足企业转型需求

成熟期的企业市场竞争者增多、利润下降、市场空间受挤压需要转型。转型时，必然要将资金投向新的市场，以及打造新的团队。创业者在转型时需要 VC/PE，而 VC/PE 认为转型提供了创新业务的高成长性，又因企业有着原先的业务，所以既能稳定利润又能转型成长的企业是投资的亮点。

### 3. 满足企业上市需求

成熟企业想要上市，私募融资是必走之路。如果创业者想要上市，有了 VC/PE 的帮助，能让企业享受到三大好处，如下图所示。

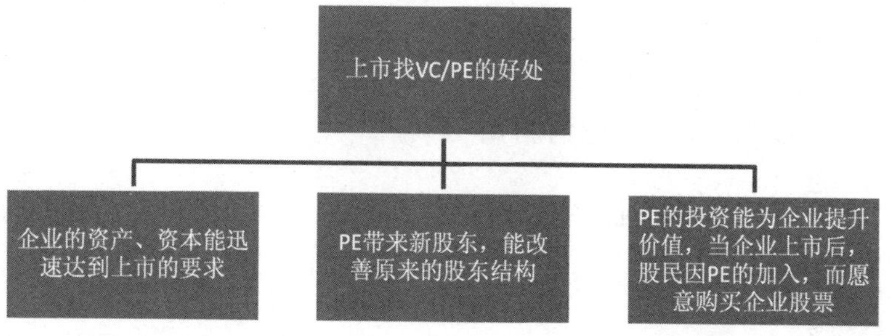


不过，成熟的企业在上市前，一般很容易获得 VC/PE 的青睐，甚至有些企业，会有 VC/PE 主动找上门。但不少创业者却极少善于与 VC/PE 打交道。问题就在于，必须要知道 VC/PE 的钱不是白拿的，创业者必须在众多 VC/PE 中找到适合企业发展的投资人，比如，股权是否超出底线、是否能够保证上市等。

## 2.4.3 吸引 VC/PE 的技巧

多数成熟的企业并没有得到 VC/PE 的青睐，但又有着融资的需求。这时，创业者想要拿到他们手里的资金，就要知道他们喜欢什么样的企业。只有摸准了对方的喜好，才能有的放矢，融资成功。

### 1. VC/PE 关心企业的规模

规模决定了企业是否是成熟企业，是否是后期能操作上市、拓展的企业。通过 VC/PE 希望被投资的企业年营业额为数千万到 1 亿元不等，外部市场规模为年营业额的数十倍到数百倍不等。达到这个要求的企业，才能保证 VC/PE 的投资有足够的发展空间和回报。

与这个指标相差甚远的企业，还不是成熟的企业；与这个指标相近的企业，可能又差那么一点点。这时，创业者做商业计划书时，可以给企业做一些“包装”，以尽量以企业规模、外部市场规模能达到 VC/PE 喜欢的标准。因为市场是做出来的，不折不扣地满足投资人的需求实在有些困难，想要融资不得不将技术、骨干、资源包装一下。

### 2．VC/PE 关心企业的利润

有利润空间的企业，VC/PE 才能在并购后把股份卖给新股东，才能在上市后股票自由流通地卖掉获利。VC/PE 投资的企业，年毛利润在 20%～30%之间，或净利润在 15%～20%之间。如果达不到这个要求，大约不会吸引到 VC/PE。

企业达不到要求，又想要融资，最好的办法就是增加转型时的亮点或创新型项目的亮点。多在新项目上下功夫，让新项目最好达到此要求，才有可能拿到资金。

### 3．VC/PE 关心企业/产品的定位

定位准确的企业或产品才能细分市场，才能了解市场份额到底有多少。如果企业经营太过分散，就会有实力不足而失败的风险。所以，企业想要做大，必须专注于一个市场。市场越细分、越独特，越不容易被复制，更容易存活下来。

创业者在融资阶段可以放弃一些无关紧要的项目，或“上报”定位准确的项目，并通过专家指导，让定位更加准确。

### 4．VC/PE 关心企业在业内排行

排行暗示了企业在行业内的竞争力和所占的市场份额。操作排

行榜上靠前的企业，无须投入过多资金，却能带来丰厚的回报。但如果是名不见经传的企业，操作起来就要花费时间打知名度、提升竞争力、扩大规模等。两者相比，VC/PE 自然喜欢排行靠前的企业。但排行靠前的企业，通常也不缺投资人。而需要被投资的企业，却恰恰是排行靠后的企业。如果企业排行不理想，可以通过媒体、协会放大企业的知名度。比如，多打广告、写新闻稿、搞新闻发布会、用人际关系资源找有名气有威望的人给予帮助等。

### 5. VC/PE 关心主创对创业的热情

多数创业者走到成熟期，已经没了最初创业的激情。大多是为了企业发展而发展，为了生意而生意。但 VC/PE 更看重的是，创业者对创业是否还保持着最初的热情，并勇于付出行动。因为一个新的项目或企业转型，如果没有足够的热情、敢于破釜沉舟地去做，项目就无法成功。企业从初创期到成熟期，早已有了足够的积累。不少项目完全有试水的资本，VC/PE 最怕的就是这样的心态，他们要的是赢，只有赢，资金才不会打水漂。

第三章 03 CHAPTER

# 商业计划书——这样写才能吸引投资人

创业需要好的团队和项目，想把团队和项目推销出去，换回资金，则需要一个媒介——商业计划书。商业计划书类似于“情书”，打动了投资人，他们就愿意与创业者继续交往下去，甚至愿意付出“嫁妆”，与创业者共同管理一个“家庭”。对创业者而言，商业计划书是必须重视的东西，好的商业计划书会为创业者赢得接触更多投资人的机会。

## 3.1 什么是商业计划书

创业者在大脑里酝酿一个项目时，经常是非常完美的，会有一种创业的冲动。如果想要看这个项目能否实施，并从投资人手中拿到资金，就必须写出一份完美的商业计划书。那么，商业计划书到底是什么呢？

### 3.1.1 商业计划书的基本概念

商业计划书，是公司、企业或项目单位为了达到招商融资和其他发展目标，根据一定的格式和内容要求而编辑整理的一个向受众全面展示公司和项目目前状况、未来发展潜力的书面材料。简单来说是一个描述创业者在干什么、用多少时间、在哪里干、有哪些合伙人、有哪些潜在用户和竞争对手等的描述性文件。

商业计划书一般有四个基本的目标，具体如下图所示。

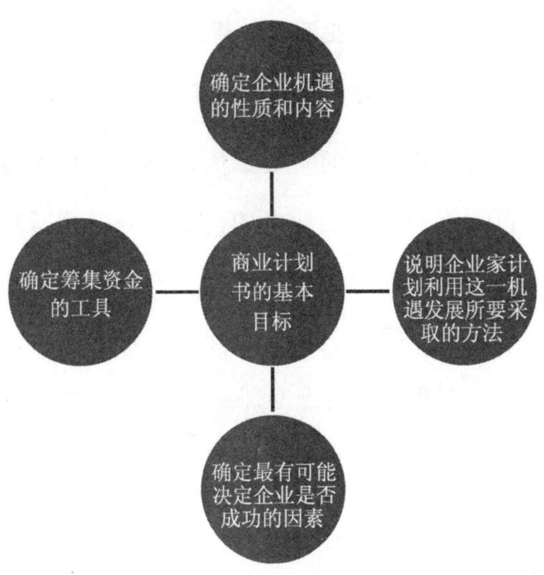


商业计划书是创业者的计划丛书。它促使创业者把创建企业的理想和希望具体化。不过，经常见到的商业计划书是制订新企业的企业经营计划。这些商业计划书主要呈现了创业者对预见企业最初3～5年内的销售、经营和财务方面的计划。但对于融资类的计划书来讲，除了企业发展阶段和历程外，还是全方位描述企业发展的文件，是创业者经营能力的体现，是企业拥有良好融资能力、实现跨越式发展的重要条件之一。

### 3.1.2　商业计划书的基本意义

商业计划书的应对一般用于初建的企业和个人创业者。从创业过程的角度看，商业计划书的撰写是一个承上启下的过程，但对于一份投资人需要的商业计划书来说，它则是一个对新企业或新项目创立之前的所有准备工作的总结和整理。对于创业者来说，想要写好商业计划书，必须对创业机会、创业团队、创业资源、商业模式等有综合性的认识。除此之外，还需要有为下一阶段企业经营规划做出有效指导、对项目或企业的成长管理活动（融资、战略、营销、人力资源等）等各方面的管理措施提出有效指导意见。

目前，创业者融资失败的重要原因，不是项目本身不好，也不是项目投资回报不高，而是创业者的商业计划书撰写得不够完善和策划能力不足。当商业计划书有了缺陷，投资人就无法看清项目本身，也就没有办法考虑投资。所以，起草一份商业计划书是一个复杂的工程，它的重要程度不亚于创业。而写好一份商业计划书，不仅是拿到融资的一个前提，更是企业对自身的现状及未来发展战略全面思索和重新定位的过程。

### 3.1.3 商业计划书的主要目的

商业计划书是书面上对企业或创业团队的整体状况进行审视。一般情况下有两个目的。

第一个目的：审视企业。创业者初创业，需要将脑子里的项目落到实处，而撰写一份正式的商业计划书则能系统地了解项目或企业的内在逻辑、创业团队、创业过程中可能遇到的危险和困难等。创业者在写商业计划书时，会对商业模式进一步细化，对未来的战略规划、所面对的市场以及潜在的风险等做出清晰的分析和判断。

第二个目的：创业融资。在企业创建初期或个人创业者利用商业计划书向外部投资人寻找融资。商业计划书是不可或缺的一部分。融资商业计划书与创业计划书不同的是，融资型的商业计划书主要是给投资人看，需要把未来目标、市场规划、项目产品、经营策略等撰写得更加吸引投资人，以及财务报表做得更漂亮，目的是能够融到资金；而创业类的计划书则是写给企业内部看，主要是思路清晰、规避风险、将想法落实等。

另外，商业计划书还是一份像法律文档一样的承诺工具。创业者在与投资人签署融资合同时，商业计划书往往作为一份合同附件存在。与附件对应的是主合同中的对赌条款。对赌条件和商业计划书，将共同构成一个业绩承诺，创业者和投资人根据业绩完成的程度，决定着利益的分配。

## 3.2 写出一份有价值的商业计划书

求职需要个人简历，求资金自然需要商业计划书。一份好的商业计划书既能理清企业的基本信息、创业思路，也能让投资人明白融资的目的。因此，写出一份好的商业计划书是必不可少的。但商业计划书也有其固定的模式和规范，了解了这些内容，会让企业少走冤枉路。

### 3.2.1 商业计划书的主要内容

商业计划书的主要内容，是整本商业计划书的精华部分，它还有一个专用名词叫摘要，这部分内容是投资人首先要看的。但主要内容不是图书中的目录和前言，更不是大纲，而是整个商业计划书的精华与核心内容，它是商业计划书中提取的主要观点、对策、结论等。

摘要的主要内容包括：公司概述、研究与开发情况、产品或服务描述、管理团队和管理组织情况、行业及市场简述、营销策略、融资说明、财务计划与分析、风险因素阐述、退出机制陈述，如下图所示。

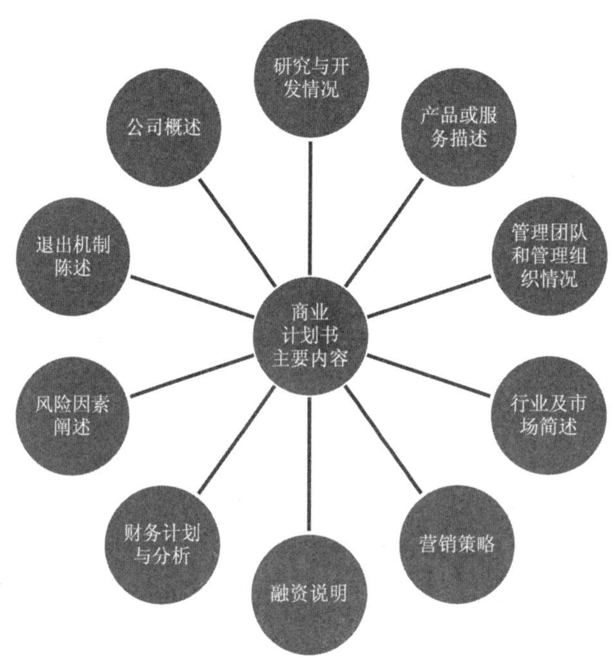


投资人在阅读商业计划书主要内容时，希望看到项目或企业的闪光点。如果创业者在这部分无法吸引投资人的眼球，那么即使后面的内容写得再好，投资人也会对这个项目的前景产生疑问，不愿意花心思在这个项目上。因为，大多数投资人每天要看数十份商业计划书，他们不会把时间花在没兴趣的项目上。因此，创业者必须在这部分让投资人马上明白项目或企业的商业模式，快速掌握商业计划书的重点，然后让投资人顺着计划书的内容一直读下去。

为了把主要内容写得吸引人，让投资人相信创业者的能力和对市场的判断，在这部分应该主要向投资人传达出这些信息，具体如下图所示。

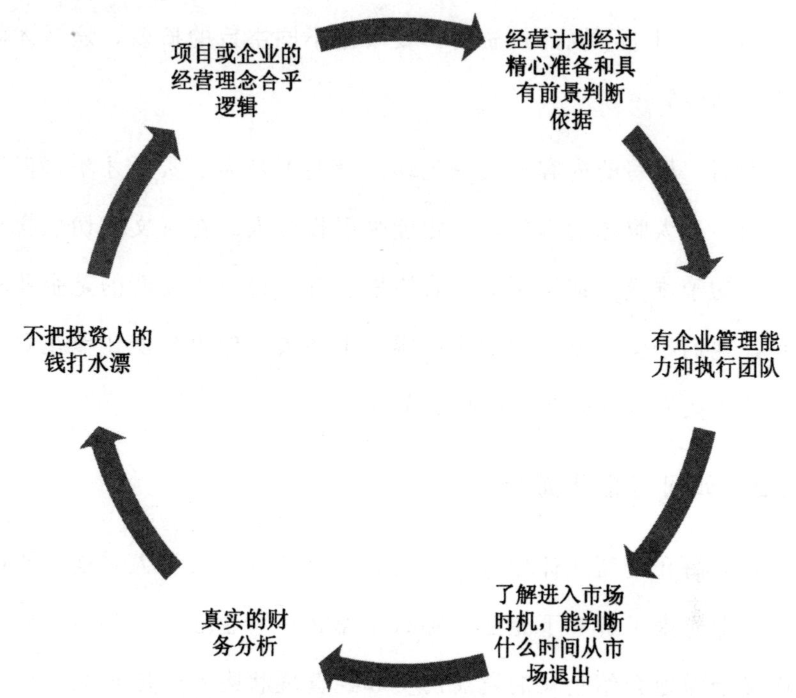


除了上述需要传达的信息，在写作商业计划书方面，还需要注意以下一些问题。首先，摘要要最后写。摘要虽然放在商业计划书的前面，但真正写时，却是商业计划书写完以后才动笔。这时，创业者写完商业计划书，对整个项目已经进行了有逻辑的思维整理，再来写摘要，会更合乎逻辑，主旨明确。如果身边有从事商业经营的朋友，也可以把写好的摘要给他看，验证是否能打动他。如果不能，就要重新撰写。

其次，不同投资人商业计划书的内容不同。把产品卖给用户，就要考虑用户的心理，想要打动投资人，就要了解投资人的心理。在写摘要之前，要考虑“哪位投资人会读我的商业计划书？”不同的投资人不同的兴趣和经历，他们看待问题的侧重点不同，所以在写的时候要考虑到底要面对什么样的投资人。比如，投资公司喜欢新技术，银行喜欢了解企业之前的成功案例，还有些投资人喜欢玩资本运作。对于不同的投资者，要写出不同主旨的摘要，这样才能有更大的胜算率。

最后，撰写的内容要文笔生动。摘要不是为了卖弄才华，但开门见山、夺人眼球的内容，一定能吸引投资人。在行文时切忌含蓄晦涩，句子难懂，词语少见，有错别字等。投资人要看的是企业和项目，他们不会在无关的文字内容上下功夫，但也不能让他在看到文章后，认为这位创业者如此不靠谱。

### 3.2.2 如何写企业简介

企业简介是商业计划书正文的第一个部分，投资人看过主要内容后，会先来了解一下企业。那么，怎么在写企业简介时能简明扼要而又全面地介绍企业的发展历史和经营现状呢？一般企业简介主要向投资人进行几个方面的阐述，具体如下表所示。

| | | |
|---|---|---|
| 企业简介 | 企业概况 | 提供企业注册时间、注册资本、企业性质、技术力量、规模、员工人数、员工普遍教育程度、企业地址、联系人、联系电话等信息 |
| | 企业所从事业务介绍 | |
| | 企业所属行业介绍 | 如物流、金融、互联网、食品等 |
| | 企业发展状况与经营状况 | 企业发展的速度、取得哪些成绩、曾获得什么称号、是否经营良好等 |
| | 企业未来发展规划 | 关键发展阶段，主要的推动力 |
| | 企业组织结构设置 | |
| | 企业其他事项 | 如企业是一家大型企业子公司，企业内部涉及的董事问题等，应该向投资人说明 |

很多情况下，创业者是有为的年轻人，他们还没建立实体企业。创业者在填写这一栏时，应尽可能地对自己创业设想和未来的发展

规划作一番介绍或自我介绍，让投资人在了解创业者梦想的同时，还能了解创业者是一个什么样的人。

### 3.2.3 如何写好市场分析

做企业不是坐在公司里臆想，而是走到市场中去，了解市场和企业的客户是谁，并有针对性地进行分析。具体到市场分析，很多创业者以为是简单的数据罗列，以及论述中国城市化进程和消费升级的历史机遇，这就大错特错了。投资人不希望看到大而空的调查，他们需要的是对市场细分并有针对性地进行分析。

#### 1. 对目标市场分析

目标市场是产品或服务的终端市场。对该市场越了解，越能从中挖掘出客户需要的产品。在撰写市场细分时，选择其中一个或几个作为目标市场，然后根据企业目标、产品、优势和劣势等因素来撰写。如果在这个过程中已有销售成绩或有意见合作的客户，也可以在市场分析中展现出来，因为这些内容可以证明该项目的可行性，并提升创业者对前景判断的认可度。

目标市场分析一般按照地理区域、年龄层次、消费观念、产品特性、文化程度、家庭状况、心理特征等进行划分。

撰写市场分析时，虽然是细分市场，但并不是越细越好，过细就会显得没重点，市场太小。目标市场的大小设定在于，要让投资者看到市场足够大，但又不是大而空的无意义数据。

#### 2. 对行业市场分析

找准目标市场后，接下来就是撰写产品在行业内的市场分析。这部分内容具体如下表所示。

| 项目 | 分析内容 |
| --- | --- |
| 行业市场分析 | 行业发展程度和未来趋势的判断 |
| | 行业生命周期所处阶段 |
| | 行业内的销售额以及利润率能达到什么样的规模 |
| | 行业的未来发展趋势如何 |
| | 行业内所有经济主体的概况。包括竞争者、供应商、销售渠道和消费者等 |
| | 企业在行业内是否有良好的网络关系。包括同行业经营者、客户群体、行业协会等关系 |
| | 进入该行业有着什么样的障碍 |

行业市场分析最好要拿出真实可靠的调查数据和资料，用真实的消费者反馈为依据。如果需要，还可以将调查问卷、数据分析、调查录音等一并附上。

### 3. 竞争对手分析

哪个行业都有竞争对手存在，如果忽略了竞争对手，投资人一定认为创业者考虑问题不够全面。为了让市场分析更加专业，必须充分阐明潜在或已存在的竞争者的优势和劣势。分析时，应当对主要竞争者的销售水平、收入状况、市场份额、目标顾客群、分销渠道等进行合理评估。如果竞争者很强大，无法超越，也应该如实告知投资人，要让投资者确信创业者的人品和诚意。在撰写这部分计划书时，可以采用图表等方式来呈现竞争者的信息，以及企业和竞争者之间的差距、对比等。

竞争对手描述如下表所示。

| | |
| --- | --- |
| 竞争对手描述 | 哪些企业是已有竞争者，哪些企业将来会成为潜在竞争者 |
| | 竞争者的企业概况和企业战略是怎样的 |
| | 竞争者的财务状况和发展潜力是怎样的 |
| | 与竞争者相比，企业的优势与不足之处在哪里 |
| | 创业者该如何与竞争者竞争，能在行业市场内给竞争者带来什么样的压力 |

## 3.2.4 如何写好产品介绍

产品介绍一般重点描述两个特征，一是产品的独特性，二是产品的创新性。在撰写这部分内容时，应提供所有与产品有关的细节，包括企业实施的所有调查，找到产品确实有特性并被目标客户已接受的依据，有了这些内容投资人自然会慎重考虑。

产品特征描述包括的内容如下表所示。

| | | |
|---|---|---|
| 产品特性描述 | 产品基本信息 | 包括名称、品牌、特征、售价、成本及性能用途等 |
| | 同类比较 | 相较同类产品，该产品具有哪些独特性，为什么消费者要选择这款产品 |
| | 产品的价格 | 消费者能否接受，为什么这么定价 |
| | 前景和竞争力 | 产品的市场前景和竞争力如何 |
| | 技术、质量、性能、服务 | 产品的技术、质量、性能、服务等方面如何 |
| | 产品其他信息 | 产品是否已申请专利、产品商标、注册品牌或已拥有知识产权保护等 |

创业者必须对自己所提供的产品有信心，同时还应该把这种信心传达给投资人，让他们产生兴趣。撰写这部分内容时，避免太专业、太技术化，因为投资人不是这方面的专家，在用简洁的文字表述完后，最好再制作一个图表，便于理解和对比。

除了产品的优点外，如果产品还存在不完善之处，也应该向投资人明确地说明，并指出这是下一步要改进的方向，让投资人看到创业者对产品的用心和开发方面的努力。

如果创业者在这个部分还有其他的服务或项目介绍，可以在介绍完一个产品后，再对其他类服务或项目单独描述，不可能在介绍产品时，又加入了别的项目。这样不仅没有层次，还会让投资人感到迷惑。

### 3.2.5 如何描述你的团队

一个好的创业团队是创业成功的首要保证。创业机会能否得到持续开发并转化为成功的企业，最关键的因素在于管理队伍上。如果创业者的团队成员均有着较高的专业技术知识、管理才能和多年工作经验，会让这个融资项目事半功倍。所以，想要吸引投资人，在这个部分应主要向投资人介绍管理层、团队分工和支持系统，具体如下表所示。

| 项目 | 管理层内容及支持系统 |
|---|---|
| 管理层内容 | 管理团队成员基本信息，包括年龄、性别、籍贯等 |
| | 管理团队成员的工作经历、行业经验、教育背景 |
| | 管理团队成员在产品设计、开发、财务管理、市场营销等方面的经历 |
| | 管理团队成员的职业道德、能力、素质、理想决心等 |
| | 主要雇员介绍 |
| | 企业咨询顾问、会计师、律师及其他专家介绍 |
| 团队分工和支持系统 | 股东介绍、股东名称、所占持股比例以及相应对企业的控制权权限 |
| | 根据什么样的依据管理团队 |
| | 如果企业内有其他重要项目，还须介绍该项目的负责人 |
| | 是否需要加强队伍管理，是否需要为团队增员 |
| | 用数据说明团队的薪酬制度及薪酬标准 |
| | 企业决策机制和冲突管理机制 |

创业者有一个强有力的团队是值得骄傲的。但如果团队成员没那么出色，也不能做无谓的夸大，这样只会起到适得其反的效果。创业者可以表现整个团队的决心和意志打动投资人，强调团队的凝聚力和奋斗精神，让投资人相信团队的诚意。同时，在展示创业团队时，教育背景、工作经历、专业技术等最好不要太单一，因为在

创业过程中会遇到各种各样的问题，太单一投资人会顾虑团队的应对能力，这不利于吸引投资人。

### 3.2.6 如何写出你的商业计划

商业计划是整个计划书中最重要的一个环节。投资人很关心创业者如何将产品卖出去。虽然，在前面一些部分，创业者已经将企业和产品轮廓勾画得非常完美，但能否盈利、能否被消费者接受还是未知数。如果商业计划不完美，即使再好的产品也难以实现预期的销售目标。因此，创业者应在这个部分阐明，自己准备如何推荐产品销售活动。

商业计划包括营销计划、生产经营计划和研发计划。其中，营销计划主要包括的内容如下图所示。

在营销计划中，企业是销售主体。如果有渠道开拓的想法，在这部分还可以将分销渠道的计划写进商业计划书中。分销渠道设置所包括的内容如下图所示。

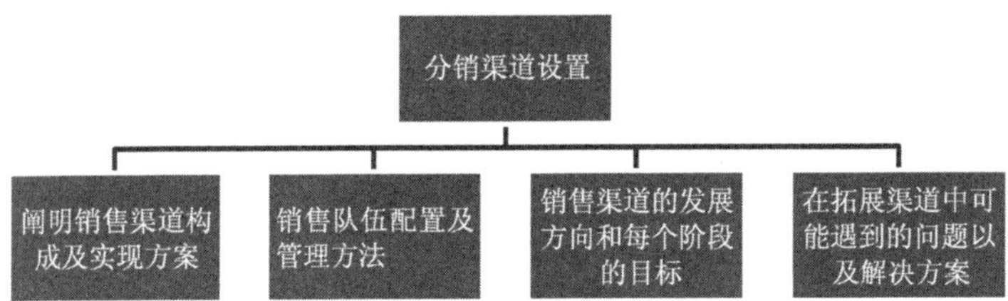


另外，创业者如果有好的营销方法，如参加行业会展、在网络上推广产品、在目标顾客群体里推广产品以及已经找到的创意营销法，也可以以附件的形式写到商业计划书中。

生产经营过程是企业产品和服务形成的基本过程，这个过程是企业存在和竞争的基础，同时也是投资人对项目估值的依据。生产经营过程一般包括原材料采购、供应商有关情况、生产资金的安排以及厂房、土地等。在这部分内容里，创业者应根据企业情况，进行详细明确的撰写，避免因为信息不全面导致所占股权的比例降低，或未来投资人要退出机制时，出现不必要的麻烦。

研发计划分为两部分，一部分是阐述产品的研发计划；另一部分是产品立足市场时，有没有其他延伸品，也就是有没有研发资金投入。这部分内容主要包括投入研究开发的人员、资金计划，以及研发后需要实现的目标。

### 3.2.7 如何评估风险

评估风险是投资人投资项目的一个重要环节。项目抗风险能力越高，融资的可能性越大。但这并不意味着少写或隐瞒风险就能提高融资概率。要知道，投资人每天看数十份商业计划书，见数位创业者，他们早在每天的工作中，对投资风险的综合状况有了整体的认知。

一般风险评估包括技术风险、市场风险、管理风险、财务风险以及其他未知风险，具体如下图所示。

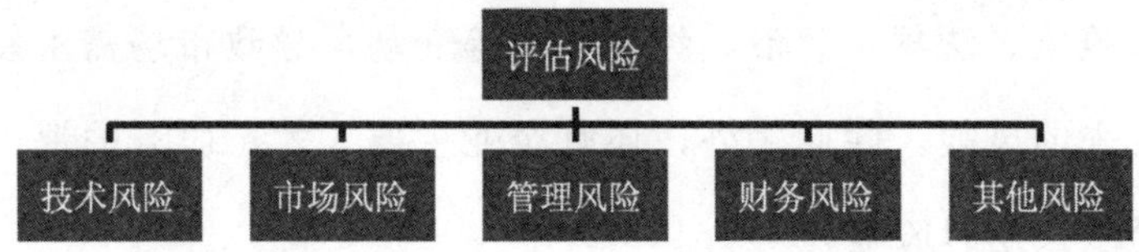


### 1．技术风险

技术风险是项目技术本身的不足及可替代的新技术出现等带来的风险。这部分可以从技术的成熟性、替代技术发展的不确定性、技术生命周期、技术的适用性等维度进行评估。

### 2．市场风险

市场风险是各种内外部因素导致能否赢得市场竞争优势的不确定性带来的风险。这部分可以从市场规模、市场竞争力、市场开拓阻碍、团队销售能力等进行评估。

### 3．管理风险

管理风险是因为管理不善导致投资失败带来的风险。管理水平的高低是项目成败的关键。这部分风险可以从管理人员的背景、素质、管理经验、团队是否过度依赖领导等进行评估。

### 4．财务风险

财务风险是投资者最为关注的。如果融资后，财务状况混乱则直接影响企业的经营业绩和发展实力。这部分可以从现金流、清偿能力、财务资源、融资能力等方面进行评估。

### 5. 其他风险

这部分风险是未知的。在真实的运营中会出现方方面面的问题，如国家政策、法规、政治、经济环境等变动，导致市场需求发生变化所带来的风险。除此之外，还有企业主要人才、股东的退出等，也是无法预期的风险。

## 3.3 写商业计划书还须注意的问题

商业计划书撰写完成后，不要急着去找投资人，最好能够系统查看一下是否出现了需要规避的问题。如果存在问题，那么应该立即修改和完善，以避开雷区。

### 3.3.1 寻找商业计划书失败的原因

创业者撰写完商业计划书后，接下来按照以下要求核对商业计划书中是否出现了问题，具体如下表所示。

| 问题 | 内　　容 |
|---|---|
| 问题一 | 语言描述混乱不清，废话过多。（最好语言明了，不容易表达的用图表说明） |
| 问题二 | 商业计划书以偏概全，对市场数据分析过于简单，或数据没有说服力，或没经过调查，从网络上随便摘取的数据等 |
| 问题三 | 只有创意，没有实际经验和细节，没有清楚地解释执行力和商业机会；或过多强调产品服务、卖点、亮点，出现泛而不精的问题 |
| 问题四 | 目标界定不明确，难以测量 |
| 问题五 | 大篇幅描述市场前景和环境，聚焦不在项目或企业上 |
| 问题六 | 计划书中口号过多，而为达成目标所制定的策略及战术描述过少 |
| 问题七 | 强调之前的成就，缺少令人信服的保持持续竞争力的优势和策略 |
| 问题八 | 过于乐观，动不动就写公司能在几年后上市 |

## 3.3.2 商业计划书一般会遇到的问题

商业计划书除了撰写上的错误，在战略和实际操作中，也容易出现问题。而这些问题是大多数创业者都会犯的。

### 1．盲目自信，认为项目是独一无二的

很多产品或技术，创业者习惯号称是独一无二的，是独特的。这么鼓吹并没有任何意义。因为投资重点不是产品或技术，而是产品的市场、渠道、团队以及执行能力。即使产品或技术非常先进，如果不能得到市场的认可，在投资人看来仍是毫无意义的。

### 2．商业计划书交给外包写

有的创业者没有写过商业计划书，很多想法落到纸上后，会觉得非常不专业。于是就请人来写一份专业的商业计划书，这种情况在业内非常常见。但如果真的找人代写，是很难融资成功的。因为专业团队写出来的商业计划书有固定的模式，对于每天看数十份商业计划书的投资人来讲，一眼就能看出是外包“产品”，没有任何一个投资人愿意将资金投资给商业计划书由别人代写的企业。因为，如果创业者对自己的企业或项目足够了解，怎么又会写不出商业计划书呢？如果实在写不出商业计划书，可以将这个工作交给团队或企业内部的员工合伙来写，只有真正了解企业真实情况的人写出来的商业计划书才是最靠谱的。

### 3．资金预算不精准

资金预算是投资人最为关心的内容。创业者无论预算过多或过少，都会造成创业者对投资人的不信任。过少，无法吸引投资人；过多，又显得数据过于虚假。所以，最好的预算是对公司过往 3 年

的收入（包括细分项目）、毛利、纯利和收入增长率的计算，通过计算预测出未来若干年内的收入、利润率和成长性等。

## 3.3.3 投资者喜欢的商业计划书

好的项目才能写出好的商业计划书。一份得到青睐的商业计划书一般能满足投资人的四个要求，而这四个要求也是创业者高度关注的四个关键点，具体如下。

### 1. 独特的商业模式

之前做企业，只要产品好就能销售出去。如今，产品人人可复制，竞争已从产品上升到了商业模式的竞争。独特的商业模式是以客户为主，紧贴市场，满足客户的个性化需求和整体解决方案，为客户创造价值。只有一切为客户，才能让产品深入人心，才能从中实现丰厚的价值。

### 2. 执行力强，成体系的团队

管团的能力，是项目或企业的核心竞争力。然而，团队的组成应该是一个完整的体系，不应该是单一的只有技术、销售、营销等，还应该有懂财务的、懂人力资源的、懂市场的以及善于战略谋划的人等。但对于带头人，更应该精于管理执行，并具备全面的素质，使整个团队发挥各自的能力，最终提升团队的执行力。有了这样的团队，什么样的项目都能事半功倍。

### 3. 市场的拓展空间

一个项目在创业初期就应该考虑到未来的发展。如果市场空间过小，会阻碍企业的进一步扩大。而一个能向上拓展的项目，则更容易得到投资人的喜爱。创业者在创业时，也应该考虑这个项目是否能从低端市场向中端、高端市场拓展；如果公司未来打算上市，是否能将项目拓展到国际市场。

**4. 独特资源，提升企业或项目的竞争力**

一个企业或项目，只有具持久的竞争力，才能降低投资人的风险。而决定能否降低市场风险在于是否有独特的资源。创业者打算创业时，应该考虑好项目是否有竞争力，团队是否有竞争力，身边的人脉资源是否有竞争力，以及技术、专利、资格证等是否有竞争力。只有将多方面的资源整合到一起，才能形成坚固的壁垒及获得持久的竞争力。

## 3.4 做好路演 PPT 文件

如果投资人决定与创业者见面谈判，接下来创业者需要准备一份 PPT 演示文件。这个演示文件是完整商业计划书的概要，是创业者与投资人面对面沟通、进行演示时使用的文件。那么，这份 PPT 文件又有哪些内容呢？

### 3.4.1 一份好的 PPT 文件包括的内容

商业计划书是通过书面形式表达项目计划，而 PPT 是用嘴“讲”出商业计划。这个过程，不仅考验创业者对项目的组织能力，也考验着创业者的表达、思维、应变能力。一份 PPT 演示文件到底包括哪些内容呢？

### 1. 标题页

PPT 的第一页是标题页，这张幻灯片主要介绍企业或项目产品、创业者信息的概要，以便在短时间内给投资人留下深刻的印象。除此之外，这张幻灯片里还应包括创业者的联系信息。

### 2. 总体印象

在 PPT 的第二页，先用 30 秒的时间简洁地解释正在做的事。要让投资人了解企业或项目到底要干什么，并且有重点地展示产品或项目。除此之外，还要让投资人相信创业者有能力做好这件事。

### 3. 解释产品能解决的需求与市场存在的机会

第三张幻灯片要向投资人介绍项目或产品所能解决的需求，让他们了解产品为消费者带来的好处。这一张幻灯片重点介绍产品解决的需求、创业者或团队能为消费者做什么，而且消费者确实需要该产品或服务等。这些内容证明该项目或产品有着巨大的潜在市场。

### 4. 讲述产品、项目、创业者的优势

当投资人了解了项目或产品，以及市场需求后，接下来要进一步证明选择你的项目是没错的。比如，产品的竞争优势在哪里，创业者曾经做过什么，对目前的市场有怎样的了解，有着怎样的工作经验/团队经验/技术经验等。

### 5. 展示产品样本

在第五张幻灯片里，主要是展示产品的样本。这张幻灯片的讲述大约有 10 分钟，这 10 分钟里主要回答三个问题：是什么、为什么以及怎么样。首先要讲产品是什么，然后讲为什么要生产它，最

后讲出它是怎样的。但这三个问题里，需要强调哪部分，则取决于产品的属性。如果该产品从来没人做过，那就要多讲这个产品“是什么”；如果这个产品别人做过，则要强调“怎么样”了。即如何使产品更容易、更快捷地为消费者所接受，以打开市场。

### 6. 销售与市场

在第六张幻灯片里，要向投资人介绍销售策略和将产品推向市场的想法，以及目前有哪些资源等。比如，创业者通过什么样的手段（媒体、网络、传单、电视等）将产品推广出去，并能引起强烈的反响，以及目前已有什么样的客户群或合作伙伴，并与哪些企业、资源建立了联系等。如果创业者没有可利用的资源，可以在项目推广上多做努力，以及打算采用什么样的推广计划。

### 7. 竞争对手

即使一个从未出现的产品，也存在竞争对手。因为当一个产品投入市场并引起强烈反响后，必然有大批企业仿造该产品。所以创业者如果觉得没有竞争对手存在，那么说明创业者对信息的掌握还不够成熟。因为，只要市场存在，竞争对手必然存在。创业者在这张幻灯片里向投资人讲述竞争对手，以及怎样打败竞争对手，并为和竞争对手竞争做了哪些功课等，能给投资人留下极好的印象，甚至证明创业者是经过调查的，并了解竞争对手的。

### 8. 商业模式

一个产品或企业只有技术/产品和营销策略是不够的。投资人想看到的是，创业者是否为这个产品做了完整的商业模式规划，以及这个模式能不能赚钱和如何赚钱。所以，在这张幻灯片中创业者要简单地讲述这到底是一个怎样的商业模式，而不仅仅是产品、技术、项目等。

9．前景预测

没有预测，就无法看到有什么样的收益。了解了商业模式后，就要向投资人讲述，按照这个商业模式，能做出什么样的成绩，包括销售额、顾客量、能打造出什么样的团队等。讲述前景预测时，一定要根据市场的容量来预测，最好用数据说明，让投资人相信这些数据。

10．展示团队

除了产品外，投资人更关心是什么样的团队在操作这个产品或项目。如果团队优秀，自然能让项目事半功倍。所以，创业者在这张幻灯片里要向投资人介绍团队之前有什么样的成绩，团队成员的背景以及与即将要涉足的市场和搭建的技术有什么关联等。

11．最后总结

幻灯片的最后一页，就是对所展示的信息做一个总结。这个总结要简明扼要地介绍企业在提供产品或服务的链条上所处的位置，以及企业的下一个计划和目标是什么，把企业内将要发生的重大项目规划写出来，具体如下表所示。

| 项目 | PPT 文件内容 |
|---|---|
| PPT 演示文件包括的内容 | 简单两句话表达出企业/项目价值定位（1 页） |
| | 企业/项目背景介绍（1 页） |
| | 管理团队介绍（1 页） |
| | 产品或服务要解决的问题（1～2 页） |
| | 产品或服务的介绍（1～2 页） |

续表

| 项目 | PPT 文件内容 |
| --- | --- |
| PPT 演示文件包括的内容 | 核心优势（1 页） |
| | 消费者/客户/用户情况（1 页） |
| | 商业模式/盈利模式（1 页） |
| | 市场规模及竞争分析（1～2 页） |
| | 市场营销策略（1 页） |
| | 企业发展规划（1 页） |
| | 财务状况及预测（1 页） |
| | 融资需求（1 页） |
| | 找这家投资机构的好处，需要哪方面的帮助等（1 页） |

PPT 演示主要是讲企业或产品的故事，如果创业者有特别重要的内容要讲，也可以打破这个顺序，按照自己的感觉讲。但无论怎样，一定是讲出来，而不是照本宣科地念出来。创业者在讲述的过程中，还可以穿插自己的小故事或优缺点，起到讲述生动的效果。

### 3.4.2 PPT 文件的注意要点

写 PPT 是一个技术活。写好了能引来资金，写不好就会给投资人留下“坏印象”。所以，在写 PPT 时，还要考虑到投资人的感受，了解什么样的内容是不能写的。写 PPT 时，需要注意的几个方面如下。

#### 1. 做的 PPT，便于打印

创业者在演示 PPT 前，有一份要演示的 PPT 是要给投资人助理的。他们很可能在文件演示前，提前打印出来。创业者在做 PPT 时，应该考虑到应用的图表、模型等内容是否便于打印，在纸上呈现的效果与电脑上最好一致。如果出现失真或内容打印不全，则是一件非常尴尬的事。

2. 不要承诺回报率

有很多创业者为了拿到融资，会在演示 PPT 时说得天花乱坠，激情澎湃，似乎投资后几年内就能实现上亿元的回报。比如，“给我们 100 万元，3 年后企业就能上市，100 万元将变成上亿元的资产”或“按照目前 1 000 万元的估值，3 年后投资人可以获得 20 倍的投资回报”。然而，这种错误是最容易犯，也是最低级的错误之一。一个企业/项目有没有前途，他们自己会判断。如果创业者在写 PPT 时，用了 1～2 页写这样的内容，就会显得空而多余，不仅浪费了 PPT 页，也浪费了投资人的时间。

3. 产品、服务演示过于简略

说到演示产品，创业者可以像推销员推销产品那样，说起来滔滔不绝。但对于投资人而言，他们不是产品的目标客户，像卖产品那样给投资人介绍产品是不行的。投资人注重的是产品的概念、性能及特性、产品在市场上的竞争力、产品研发过程、产品营销预算/前景等。也就是说，投资人更关心这个产品能否赚钱。所以，创业者讲解的时候，最好比较具体，而不是像推销产品那样进行介绍。

4. 企业发展规划过于长远

投资人投资的是企业的未来。但未来并不是越远越好。如果创业者向投资人描述未来五到十年企业会发展得有多美好，那么他们没有多大兴趣。他们更感兴趣的是未来 3 年是怎样的，以及创业者怎么去实现这个承诺。

只有投资人对这个项目感兴趣的时候，他们才愿意静下心来看长达 100 多页的商业计划书，甚至会花时间把商业计划书中不完善的地方和创业者一起完善起来。这样，即使他们不投资，通过提出的意见和建议，创业者也能有所收获，甚至在下次融资时，能规避很多问题。

## 3.5 商业计划书的路演与谈判

写商业计划书和写 PPT 文件是创业者和团队独自去挑战的工作。而路演与谈判则是一个面对面交流的过程。在路演与谈判过程中，投资人会出许多意想不到的问题，创业者在这时必须学会见招拆招。

### 3.5.1 什么是路演

路演（Roadshow）按照官方解释是国际上广泛采用的证券发行推广方式。指证券发行商发行证券前针对机构的推介活动，是在投资、融资双方充分交流的条件下促进股票成功发行的重要推介、宣传手段，通过促进投资者与股票发行人之间的沟通和交流，以保证股票的顺利发行。路演通俗地讲，就是创业者向投资人介绍企业业绩、产品、发展方向的过程，充分阐述企业的投资价值，让投资人深入了解具体情况，并回答投资人关心的问题，具体如下图所示。

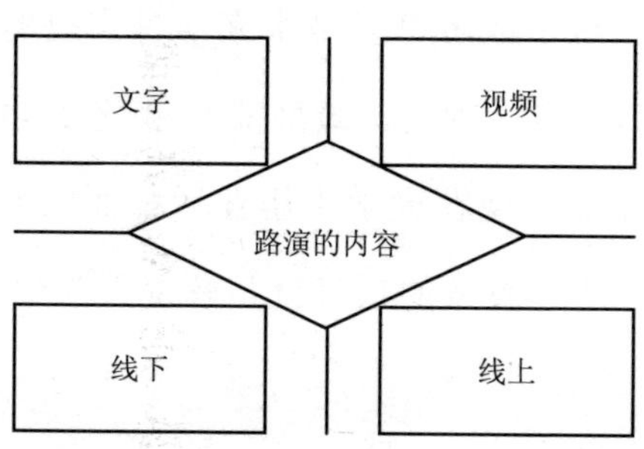

线上的项目路演主要通过 QQ 群、微信群、多玩 YY 等软件实现交流，或者通过在线视频的形式对项目进行讲解。线下的项目路演主要通过活动专场对投资人进行面对面的演讲及交流。

参与路演的好处在于可以同时让多个投资人倾听创业者的讲解和说明，同时有一个思考和交流的过程。一般情况下，投资人每天要看数十份商业计划书和接触很多项目，甚至有些投资人每天会过滤上百份商业计划书，筛选项目往往只能凭借一些市场份额、盈利水平等硬性指标，所以，商业计划书只以写的形式呈现给投资人，很难让项目出彩。此外，对于技术性强、项目没有特殊亮点的项目，创业者讲解时应减少投资人看不懂和不理解的专业术语。

### 3.5.2 路演的技巧

路演需要创业者站在台上演讲，如果之前没有这方面的经历，初次站在台上很可能会紧张。为此，创业者需要在未路演之前，在企业内部多多演练，反复模拟，只要做足了准备工作，路演的效果肯定比只在腹中反思强。不过，在路演中想要成功，还需要运用以下一些技巧。

#### 1. 开门见山，直接切入正题

路演时，第一句话特别重要。需要讲一个有吸引力的、能让投资人兴奋的故事。这个故事可以是未来项目实现的某个场景，也可以是目前消费者的痛点、刚需。最好能在 3 分钟内让投资人明白自己是干什么的。比如，现在大学生毕业后都面临着××样的问题，这些问题导致……所以我做的项目就是解决大学生××问题的。

### 2. PPT控制页数，路演控制时间

路演时，PPT 最好控制在 10～15 页之间，时间控制在 20～30 分钟。创业者不要以为 PPT 做得越多，讲述时间越长，投资人对项目的了解就能更多。俗话说："言多必失。"20 分钟的演讲足够了。如果实在觉得不够用，可以在回答问题的 1 个小时内做补充。

### 3. 巧妙应对风险问题，见招拆招

投资人除了关心能否赚钱外，还关心市场风险有多大。比如，市场跟风的时候怎么办？这是投资人最喜欢问的问题。创业者被问到时，不应该觉得难过，反而应该开心。因为市场出现了跟风现象，正说明这个项目前景不差。而正因为我们是提前做的，已经开拓了一定的市场，培养了消费者的习惯，即使有企业跟风，也只能占据剩余的市场份额。如果被大企业跟风，自己则要细分市场、垂直领域，做到不被大公司影响的优势。所以，讲解的时候，强调企业/项目的灵活性，突出差异化竞争的优势。

### 4. 讲述有激情，不乏味平淡

有些创业者讲述时因为紧张，经常讲得像念 PPT 一样，甚至在短短的时间内就走完了流程。企业/项目是创业者的"孩子"，父母在谈及孩子时总是满心欢喜、滔滔不绝。如果创业者讲述时过于没有感情，投资人会怀疑创业者的创业激情。不过须注意的是，也不能过分亢奋、热情，让投资人觉得创业者过于理想主义。总之，讲述有激情，项目脚踏实地的做，一般就能赢得投资人的喜欢。另外，不少创业者看过"成功学"之类的书籍。书中会强调自信，但在路演时过于自信对投资人来说会产生压迫感，所以不卑不亢、有激情是最好的状态。

### 5. 尽量讲普通话

虽然创业者在路演时，会尽量克制方言，但有些创业者是南方人，即使讲普通话，也容易产生语言障碍。如果创业者普通话不过关，可以在路演前多多演练，达到投资人提问问题时，不会听不懂。还有，创业者在讲项目时，最好使用规范用语，显得专业化。比如，有些创业者会把团队叫作“我的那帮哥们”，把企业叫“我的公司”等，这些都会给投资人带来心理压力。

## 3.5.3 与投资人的谈判技巧

谈判是一种博弈，更是一门艺术。在融资谈判过程中，创业者往往处理弱势地位，总是担心自己的项目无法引起投资人的关注而失败。那么，在谈判时创业者应该如何消除顾虑，与投资人进行良好沟通呢？

### 1. 谈判时一问一答

在谈判过程中，投资人会问创业者很多问题，创业者应尽量采用一问一答式。不要投资人问一个问题，创业者就解释很多。同样，也不能投资人问了很多方面的问题，创业者只用一个方面或一个答案来回答。最好的办法是，创业者提前做准备，每个方面都把投资人可能问到的问题提前想出来，做好答案备份。

### 2. 以诚相待，无须多虑

融资是一个相互诚信的过程。在商场中，创业者很容易表现自己的能力，但人品操守却是很难表现出来的。除了投资人不信任创业者外，创业者也有一种“万一我全盘托出，融资失败后，商业机密被泄露怎么办”的不信任感存在。在这种氛围下，创业者必须对投资人保持诚信。要知道，投资人有投资人的职业操守，大可不必担心这类问题。并且，投资人在不了解项目细节的情况下，是很难做出任何决定或表态的。如果创业者遮遮掩掩地介绍，投资人自然能感受到你对他的不信任，这样的情况下融资怎么能成功呢？

### 3. 不卑不亢

投资人不是慈善家，他们只关心收益与风险。如果项目当场被拒绝，创业者应该拿好资料，撤离现场。因为投资人不会因为你的苦苦相求，就将资金打到你的账户上。所以，要在投资人面前保持不卑不亢的态度。真正的融资高手讲究围而不追，欲擒故纵，重在能吸引对方。换个角度说，创业者拿项目来找资金，不是投资人“施恩”于你，你同样也给他们提供了投资机会。

### 4. 保持底线，不追问结果

在规划项目时，创业者应该给项目的主动权保留合作底线。不能为获得资金而过分地出卖自己的利益和权利。因为在谈判过程中，只要投资人看重了这个项目，也会尽最大的努力为自己争取利益。所以，谈判时如果坚守自己的底线，反而能让投资人更加看重你。另外，谈判结束时，一般不会有明显的结果，更多的是等消息。这个时候不要问结果如何，此类问题如果问出，很可能让前期的努力化为泡影。一个没有自信，对项目不自信的创业者，投资人是不愿意付出资金的。

04 第四章 CHAPTER

# 谈判中不玩花样——可靠、双赢的局面才能拿到投资

与投资人谈判，双方会晤要持续数小时，在未结束之前，创业者应正确理解双方的关系，时刻围绕商业计划书来回答问题，知道哪些问题不能讲。谈判结束时，也应该表现得非常积极，给投资人留下好印象。总而言之，只要还未签订投融资协议，创业者就要时时警惕着，做到不出大的差错。因为融资谈判投资人不仅看项目、看企业，还要看创业者的人品。

## 4.1 怎样做才能吸引你的投资人

俗话说："物以类聚，人以群分"，很多时候，投资人根据创业者的团队、供货商与客户之间的关系，就能对企业和创业者个人作一个基本评判。但仅靠这些认知是不够的。投资人决定对项目进行考量后，会在日后的接触中对项目和创业者重新认识和估值。这时，人品就会成为另一个亮点。

### 4.1.1 踏实、专业，留下好印象

中国有句话叫"相由心生"。投资人除了看项目以外，还是看"相"的老手。他们相信一个人的阅历是写在脸上的，更相信一个人的眼睛会出卖他的心。一个心术不正或不务正业的创业者，他们看一下表情和眼神就能判断出来。如果再加上谈话的细节和生活细节，基本上就把一个人看得八九不离十了。

在与投资人接触时，虽然不会时时谈项目，但至少要留给投资人一个踏实、专业的形象。有些创业者认为，投资人看重的是项目和人品，即使别的方面差一点也无所谓。其实不然，外在的形象是给人的第一印象。试想，有些企业家，经常会有某种习惯或某些动

作而给人一种“土气”的感觉；还有的老板喜欢在自己的名片上印上各种头衔，以此证明自己在公司、社会等身兼要职，殊不知这种做法正说明了这个人爱面子，虚荣心重。当然，还有初创期的创业者，为了讲究面子给自己配了豪车、名贵手表等，期待在谈业务时让别人高看一眼。这些或许在谈业务时管用，但在投资人看来，会想到他的钱到底是怎么花出去的。

做实业老板，一半钱是赚出来的，一半钱是省出来的。无论过于节俭还是过于铺张，都没有办法给投资人留下好印象。最好的办法，就是干净、整洁，根据约见投资人的地点、时间，选择是穿职业装还是休闲装，但无论怎样，透着能干、踏实、干净的气质是不能少的。

### 4.1.2　观察细节了解投资人的喜好

创业者需要低调，而投资人则需要高调。即使他们手中没钱，也会出手阔绰，让人感觉财大气粗。创业者去融资机构会看到办公楼都很气派，甚至投资人都习惯端着架子，给人难以靠近的感觉。但投资人也是人，创业者想要与他们交朋友，必须“剥掉”投资人的外衣，以细节来观察他们的真正喜好。

**1. 观察投资人的办公室**

创业者与投资人见面，经常被邀请到投资人的办公室里谈事情。这时，创业者如果认为仅仅是谈事情就大错特错了，创业者可以在办公室里了解到投资人到底喜欢什么。比如，投资人办公室内挂着名人字画，很可能是书画爱好者或与书画界有一定的关系；如果投资人的橱柜里放着书籍，可以通过书籍的类型判断他喜欢什么样的书，或喜欢与什么样的人接触。例如，经营管理类的书籍较多，可以判断投资人在投资项目时，对企业的管理更看重；如果历史、帝王史类的书籍过多，说明他更看重彼此之间的博弈和创业者的人品，更喜欢在人上用心；如果有其他类，像摄影、文学、哲学等，说明投资人是一个文艺青年……找到了投资人的喜好，创业者可以以此入手，与投资人成为朋友。比如，送投资人绝版的，他喜欢的书；送他名人字画；介绍与他兴趣爱好相关的朋友等。

#### 2. 在会议室观察投资人

投资不是投资人一个人可以决定的，是整个团队商议后决定的。创业者被邀请时，很可能被邀请到会议室内。这时，创业者就要看主体投资人的做事风格了。因为在自己的机构里，他对下属的态度、偶尔透露出来的管理风格，都能表现出他是一个怎样的人。比如，主体投资人如果在谈判时，每一个问题都问身边的其他同事，就说明他是一个很民主、很尊重人的人，同时也说明他是一个很小心谨慎的人，如果同时，各方表达意见很诚恳，说明这位主体投资人是一个值得信赖的领袖。如果投资人身边的同事都支支吾吾不愿说什么，说明主体投资人很可能是一个独断专行的人。听他们意见只是为了面子问题。又如，主体投资人的风格很强势，其他人洗耳恭听，说明他是一个我行我素的人。如果是第一种投资人，创业者在融资时，最好用公平公正的语气和做事的态度，这样才能赢得投资人的信赖和喜欢。而对于后一种投资人，创业者只要把主要精力放在该投资人身上，一般就能拿到资金了。

### 4.1.3 倾听投资人对他人的认知

在中国，商业模式大多是 60 后、70 后建立起来的，而企业内部的员工和主要消费人群却是 80 后和 90 后。这些商业帝国的建造者，虽然对现在的年青一代颇有微词，但又不得不承认今天的年轻人想法更大胆，更多元。不过，仍然无法避免一些投资人所存有的年轻人不能吃苦，年轻人没有担当，年轻人不务实等看法。如果投资人有这类看法，创业者团队正巧多数是年轻人，那么很可能让投资人不信任，这样融资就容易失败。

创业者听到投资人抱怨说，“年轻人动不动就提马云，真是眼高手低”“年轻人讨厌加班，生意怎么做得好”“做企业就要有做企业的规矩，我个人不赞同自由主义”等，这时，创业者就要小心了。全盘否定年轻人的投资人，创业者无须点头哈腰顺从他的观点，可以讲出自己的看法。比如，“现在主要消费群体就是年轻人，而我也是年轻人的一分子，所以我非常了解他们的想法”“企业内部大多是年轻人，我也是年轻人，所以我非常了解员工的诉求，我懂得怎样激发他们的想象力和工作能力”“年轻一代是自由、懒散的，但我们的产品正巧迎合了这样的市场”……创业者要知道，投资人如果喜欢老练、成熟、年长的企业家，对年轻人不认可，无论创业者怎样阿谀奉承，装作自己成熟稳重，他们都不会去冒险。

### 4.1.4　和他做朋友，关注他的生活

工作场合，相对正式，大家正襟危坐，那样的环境，无法让投资人肯定一个人，他们还会通过工作之外的场景，来全面了解创业者。在工作场合，创业者会提前预想投资人要问的问题，以及该如何回答。到了生活中，虽然投资人在考验着创业者的随机应变能力，但创业者如果能把握好，这也是一个能与投资人成为朋友的机会。

1．宴请他的家人

被动邀请创业者难免准备不足，但谈到差不多时主动邀请，则能让创业者做好准备。创业者如果已婚，可以带着家属和投资人的家属吃一次晚宴，让自己的配偶和投资人的配偶一起相约做美容或上烘培培训课程（看投资人配偶的喜好）。在吃饭的过程中，创业者还可以通过观察投资人与其配偶之间的关系，了解他是一个怎样的人。比如，如果凡事听妻子的话，就是一个“妻管严”，只要搞定了他的配偶，融资就能事半功倍；如果投资人大男子主义，创业者在融资过程中，应凡事以他为主，多讲规则和效率。

2．多和投资人接触，才能结识更多朋友

投资人平日非常忙，但并不是没有私生活。不过，他们的私生活大多数也是与圈内的好友相见，聊聊最近的市场行情，谈谈近来新投资的项目等。创业者可以通过网络、朋友或调查，了解到投资人喜欢去的地方（娱乐的地方、某大型会议等），来一场“偶遇”，这样很简单地就能了解到投资人的朋友圈、社交圈子等。如果投资人信任你，也自然愿意把你介绍给他的朋友认识。

3．多见面增加友谊，模糊工作和友谊之间的关系

创业者既然决定融资，就应该多关注他的社交媒体的信息。比如，投资人的微博、博客、朋友圈等信息。这些内容会让你了解到他的喜好。比如，他喜欢读的书，他喜欢转发谁的微博，他的身体是否健康等。有了这些内容，创业者可以投其所好，或送一些价钱不是很高，但很暖心的礼品等，给自己多找几个接触他的借口。只有经常见面，才能让工作关系变得紧密，最后成为真正的朋友。

### 4.1.5 人比创意项目更重要

在日常生活中，我们聊天的内容是什么？无外乎过去的经历、现在的境况和未来的打算，只要志趣相投，那么很快就能成为朋友。同样的道理，投资人也会关注创业者的创业历程、经营状况和下一步的发展规划。如果项目投资人还在犹豫，那么只要人品能在投资人心中占得优势，融资成功的可能性极大。所以，只要投资人给创业者做朋友、聊天的机会，就说明投资人已经在考察你了。

在整个与投资人接触的过程中，创业者需要向他透露以下的信息：

（1）创业者的创业故事，特别是中间经历了怎样的波折与坎坷。

（2）创业者在心理上已经做好了接纳新合伙人的准备，并打算怎样和合伙人实现自己的理想。

（3）在经营上，有着怎样的理念与思考，并为此学习了什么样的技能与知识等。

（4）创业者是怎样培养团队的，是否重视培训学习，都学习什么，怎样看待人才等。

（5）目前是否有家族的人进入企业并从事工作。融资成功后，这类员工对他们怎样安排等。

（6）自己有着怎样的关系，与政府官员又有着怎样的关系，以及打算如何利用关系让企业做得更好等。

（7）公关应酬和待人处事的风格是怎样的。

（8）有着怎样的兴趣爱好、人生价值观等。

聊天中，有意无意地透露这样的信息，可以让创业者的为人立体起来。这些内容靠的不仅是知识，更多的是经验。很多创业者经常说，我创业多年，靠的是管理企业，为人处事靠的是公关和团队而不是我自己。由此，创业者就要多发挥公关和团队的优势，并强调这样的团队是怎样的力量凝聚在一起的，并且不容易被“挖走”的信息，这样也能让投资人看到创业者管理上的优势。

## 4.2 正式谈判时怎么做

俗话说，买的不如卖的精，但在融资中，应该反过来，投资人比创业者更为精明。因为他们了解创业者会“王婆卖瓜，自卖自夸”。正是因为这样的行为，才“培养”了他们小心谨慎的态度。那么谈判时，怎样做才能让他们愿意投资呢？

### 4.2.1 谈判时的原则

身在商界，不仅要会管理、会做事，还要会说话。而与投资人谈判更需要把话说好。虽然每个人都会说话，但说话与投资人说话的技巧却不是人人都会。在谈判中，只有懂得说话的艺术，才能给投资人留下美好的谈判享受。

#### 1. 以双方利益为本

投资人一般都很忙，加上凡事讲效率，故不喜欢长篇大论、言不及义。所以与投资人谈判时，简洁有条理是引起注意的首要条件。除了语言上须注意外，在交流中，不要想着占上风，而应该从投资人的角度考虑问题。比如，投资人更关注风险，创业者就应该把能想到的风险全部想到，并讲出应对风险的策略。这样就能解决投资人心中的疑问与担心。在谈判中，多从对方的利益角度考虑问题，才能达到追求长远利益的目的。如果只顾及投资人的得失，创业者完全没有必要考虑，只要不伤及自己的底线，多付出一些利益保证融资成功是有必要的。

**2. 做出让步过大，要用弥补原则**

在谈判时，投资人步步紧逼，创业者不得不做出让步，但也不能就此放弃争取的机会。比如，创业者在股权上作出让步，就要让投资人在资源、管理等方面提供帮助，至少能均等地获得其他方面的回报。所以，创业者在谈判前，必须对投资人了如指掌，只有了解了他手中掌握的资源，谈判时才能有东西可谈。

**3. 坚持目标价值最大化原则**

谈判中，投资人可能喜欢这个项目，但并非认可创业者的目标。这时，他们会提出自己的目标意见，希望创业者协助完成。谈判的过程，事实上是寻找双方目标价值最大化的一个过程，但不是能让所有的目标都能实现的过程，因此必须一方需要做出让步。在处理这类矛盾时，创业者需要在目标之间依照重要性和紧迫性建立优先顺序，亦先解决重要及紧迫目标，在条件允许的情况下，为自己争取其他目标。比如，投资人希望管理结构发生变化，而创业者比较信任自己的团队，不希望被投资人管理。这时就要思考，哪一种会更能接近总目标（实现盈利、完成任务等），如果打算做出让步，创业者可以提出将信任的管理层安排到重要的位置等。

**4. 时机原则**

在让步时，未必次次都是恰当的时机。不是时机难以判定，就是对让步的随意性导致时机把握不准确。如果创业者总是作出让步，就会使让步的原则消失，进而促使对方的胃口越来越大。创业者丧失了主动权，不仅有可能让谈判失败，还会让投资人觉得你太随意。因此，在谈判时，重大决定不要随意答应，可以在本子上记下投资人提出的要求，并告诉投资人，需要认真考虑后再做决定。

### 4.2.2 找到投资公司的主要决策者

决策者也称为决策主体，可以是个体（如某公司的总经理），也可以是群体（如某公司的董事会）。在公司里，谁才是重大战略事项的决策人呢？找到了重大决策者以及决策机构，就很容易找到其应对方法。

一般，决策与决策者自身是有必然联系的，取消了这种联系，决策活动就无法正常运行，或变为随意的“拍板”行为，无法发挥决策者的真正作用。因此，组织中做重要决策的人，往往是个人而非团队。因为团队不如个人灵活，面对复杂问题时，会因为不断讨论而无法快速做出决策。公司内部的决策者一般是总部的高管，又或是事业部的高职能领导，找到他们，就找到了决策者。不过，每家投资机构有着不同的结构，并非所有的机构都是个人决策。决策过程的不同，决定了他们做出的决策特点不同。一般决策者如下表所示的下分类及特点。

| 决策者分类 | 决策者特点 |
| --- | --- |
| 个体决策者 | 指在决策过程中能做出独一无二的决策。也就是说，创业者的项目信息和分析以及最终决策全部掌握在他的手中。由于决策者是个体，其决策风格很可能根据知识、兴趣、技能、经验、个性等偏好来决策 |
| 多人决策者 | 由多个个体组成。每个个体相互作用、共同做出决策，每个个体在决策中都占有一定分量，经过商讨、讨论最后达成一致意见。多个决策者每个个体有着自己的动机和目标，经常出现对某个决策的职权不等，使他们中间没有任何一个个体有单独决策的权力。他们一般通过交流或组织内部不同的职权等级，决定参与决策者之间的相互作用，最终达到“决策”的目的 |

续表

| 决策者分类 | 决策者特点 |
| --- | --- |
| 群体决策者 | 与多人决策者相比，群体决策者是以成员之间存在一个正式的组织机构为特征。在这个机构里，群体中的每位成员都对决策结果有着既定的影响，并在机构中有着相应的发言权。群体决策者是在正式的环境下完成决策工作。在工作时，有正式的日程安排和议事程序，同时还有最终的决策期限。这种决策的最终决定在于多数人提出的意见，每位成员都要参与，但每位成员又没有主导性的话语权 |
| 团队决策者 | 这是一个个体与群体类型组合的决策者。在组织中，虽然决策者有决策特权，但依然会与有共同目标的团队一起讨论。“团队”做出最后的决策，但决策特权却落在个人身上。群体决策通常是协商的结果，而团队决策一般是单方面的 |
| 组织决策者 | 决策者被授予特权、代表组织整体负责决策的人。组织决策与个体、团队和群体决策过程类似。不同的是，组织决策者需要的信息广度和深度不同。另外一个，组织决策者所做出的决策通常需要得到整个组织的支持才能实施。也就是说，如果没有大部分人的支持，组织决策者想要实施决策需要大范围的资源 |

创业者了解了决策者的主体和特点后，可以根据不同的决策组织，找到能够帮助达到融资目的的人。而对于多人决策者或群体决策者，创业者必须能够有耐心，因为找人引荐或讨好某一位成员，都是需要付出相当大的成本的。

### 4.2.3 配合投资公司的一切调查

风险投资企业的调查是指由风险投资机构自身或聘请的专业中介机构在风险企业的配合下，对风险企业的历史数据和文档、盈利模式、市场规模、财务状况、市场风险、管理风险技术以及资金风险等做全面深入的调查。当调查完成后，风险投资机构或中介机构会完成一份详尽的调查报告供投资决策委员会审阅，并最终决定是否要投资这家企业。

投资机构之所以调查风险企业是因为这些企业普遍存在规模不大、经营范围不规范、技术不成熟、市场风险较大等问题。而投资机构调查该企业，目的就是尽可能地发现投资风险以及风险企业全部真实情况，防止投入风险过大的企业，或在投资过程中帮助风险企业不断完善风险问题。

风险机构调查风险企业，调查内容包括：法律调查和财务调查两个方面。

### 1. 法律调查

在商业谈判中，创业者须配合投资机构的法律调查，只有完成调查并无任何法律问题，投资机构才愿意将资金投资给企业。在法律调查时，创业者需要提前做好这些准备，并将这些资料的内容进行完善，以防调查过程中出现问题，具体如下表所示。

| 法律调查内容事项 | 调查内容所需资料 |
| --- | --- |
| 企业章程法律文件 | 主要包括章程中各项条款，尤其对增资扩股、企业合并或资产出售等方面。这方面资料须股东对股权、资产等内容已同意，以免在投资过程中出现问题。同时，对章程的特别投票权的规定和限制，以及股东会和董事会的会议记录等内容也会被调查 |
| 企业的购买归属权 | 调查内容包括所有权的归属、有无购买财产保险，以及是否存在对外抵押等情况。另外，还包括是否对外投资和是否存在租赁资产等内容 |
| 企业书面合同 | 调查合同包括投资合同、租赁合同、借贷合同、知识产权或许可权合同、技术授权合同、代理合同、销售合同等。其中最重要的是股权变更合同。另外，调查机构对于合同签约方与企业及股东之间是否存在关联关系等也是主要的调查内容 |
| 是否涉及诉讼 | 融资机构还会调查企业曾经是否涉及以及未来是否有可能涉及诉讼案件等事件。如果有这类案件，投资机构就会小心谨慎投资 |

### 2. 财务调查

财务的真实情况是投资人所关注的。企业有没有贷款，是否存在严重的资金风险，以及是否对财务的真实情况有隐瞒等。创业者对于财务调查，应该提前做好以下准备，以防调查时出现纰漏，如下表所示。

| 财务调查内容事项 | 调查内容所需资料 |
|---|---|
| 审阅及核对 | 投资机构会调查审阅企业的财务基本状况、财务和人事组织、会计政策、税费政策、盈利能力、现金流、内部控制、资产负债结构、财务风险及薪酬制度等 |
| 访谈调查 | 审阅完成后，融资机构会对企业的财务和会计各层级、各职能岗位的相关人员进行沟通，深入了解企业的结构和财务情况以及财务管理情况 |
| 财务分析 | 调查工作完成后，投资机构会对企业的财力情况进行分析，并推算出企业未来的风险与前景 |

创业者在调查中尽可能配合融资机构，并提供全面的信息。只有经过他们的调查检验，在谈判时才能有获得融资的可能性。另外，根据上述需要调查的内容，如果创业者某方面存在不足，也需要提前想好应对措施，以防融资失败。

## 4.2.4 建立合理的商业模式

创业者在融资谈判时，投资人可能觉得项目还不够吸引人，甚至只是一个卖产品或卖技术的企业。这类企业如果放到 20 年前，可能是不错的项目，但放到多元化的今天，只靠技术或产品就会显得过于单薄。如果遇到这类问题，说明投资人看重是否建立了商业模式。这个问题很可能投资人提出后，创业者才意识到，对于解决这类问题，可以从以下两方面入手，很快就能把一个卖产品或卖技术的企业，升级成为一个商业模式的雏形。

### 1．是技术、产品，还是服务于用户、客户

如果在谈判过程中，投资人对创业者说："当技术被抄袭后，怎么把市场的另外一部分夺回来"时，就是说明盈利模式或市场规划不够完善，创业者就应该从技术、产品的亮点里走出来，着重将产品转向是怎样服务用户及客户的。比如，PPLive 最初是为央视、湖南卫视、凤凰卫视等提供技术支持的企业。PPLive 能卖技术，之后跟风的视频播放器企业也可以联合电视台做同类业务。这时，PPLive 的技术支持将不再占据优势。他们面临转型，就是打造出自己的商业模式，自己购买内容、建立营销、构建市场团队、长期发展用户，并以用户增长为目的展开营销。当 PPLive 的用户从 30 万增长到上千万时，PPLive 不再是技术公司，而是一个服务于用户观看视频的服务公司。有了用户基数，就占得了独特的优势，如下图所示为 PPLive 的官方网站主页界面。

### 2．是吸引客户、用户，还是增加客户、用户的黏性

随着互联网和自媒体的发展，不少企业开始重视客户、用户的黏性。创业者在与投资人谈判时，也应该考虑如何将已有的用户、

客户，或吸引来的用户、客户转化成企业的粉丝。在增加用户、客户黏性上，小米将粉丝模式做到了极致。比如，小米手机在测试期，就推出了小米论坛，并在论坛上寻找小米手机的测试者，多方倾听手机发烧友的意见，逐步改进手机的系统、功能等。这一系列服务，为小米笼络了大批粉丝。有了一定的粉丝基数，又让发烧友参与手机“设计”，很快获得了粉丝们的喜欢。为了提升粉丝的黏性，小米手机提供每星期升级一次系统并开发了小米手机视频播放器。该视频播放器可以提供各大电视直播及视频资源，让客户获得独特的资源享受，其视频直播界面如下图所示。

企业能否融到资金，关键在于能否将企业发展利润、盈利能力最大化。能够将企业商业利益运转起来，才是投资人投资的关键所在。有了自身滚动和增长的模式，就等于建立起一个自身的生存体系。对于这样的企业，投资人还能不喜欢吗？

## 4.3 派专业的团队去谈判

中小微创业和个人创业者习惯独断专行、亲力亲为。然而投资人却更喜欢与专业的谈判小组谈判。在谈判中，创业者可以打造出自己的专业团队，商讨后派一名谈判代表去谈判，这样即使投资人提出了一些过分要求或谈判失败，创业者再去谈判可能还有回转的余地。

### 1. 打造专业的谈判团队

一个高效协作的谈判团队，是由多方面专业人才组成的。除了主要谈判代表外，还需要其他辅助人员。那么，谈判团队需要什么样的素质及专业人才呢？具体如下表所示。

| 团队组成 | 团队人员及职责 |
| --- | --- |
| 谈判代表 | 是主要面向投资人的关键人物，在谈判中要能阐述清楚企业的立场和观点。交际沟通能力强，懂得把握问题交流的分寸。除此之外，还应具备较强的决策能力、协调能力，清楚谈判小组及其他成员的职责 |
| 输助人员 | 商务人员：主要向团队提供当下市场行情，主要负责提供有关价格决策咨询、合同条款及价格谈判 |
| | 技术人员：熟悉生产技术、设备、流程和科技发展动态的技术专员。主要负责谈判中有关生产技能、产品性能、产品检验、技术服务等工作 |
| | 法律人员：熟悉法律法规、惯例条款和专职律师、法律顾问。主要负责起草合同、协议等文件，以及对相关合合协议的解释、咨询和法律论证等工作 |

续表

| 团队组成 | 团队人员及职责 |
| --- | --- |
| 输助人员 | 翻译人员：熟悉外语、熟悉企业业务。主要负责口头与文字翻译工作。当企业谈判代表谈判时出现问题，负责纠正等工作 |

### 2. 谈判小组规模及配合

谈判小组的规模应根据企业的项目大小、融资金额的多少及谈判的性质来确定。一般情况下是 1 人到多人。小金额、老客户、简单的谈判一般只派谈判代表即可。大金额、内容复杂的项目需要团队协作。最好控制在 3～5 人之间。另外，随着谈判需要跟进的内容，谈判小组成员可以随时调换，以保证谈判时所需的资料。

成员确定后，谈判代表表明企业的观点和态度，辅助人员须保持一致的目标，并给予支持和配合。当谈判陷入困境时，辅助人员应一起努力帮助企业脱离困境。

除此之外，谈判代表最好是有分量的人，能获得投资人的尊重。并懂得投资，有全局观，不是只懂谈技术的专家。另外，谈判代表需了解企业的经营情况，不能出现“一问三不知”，令投资人感觉不到诚意。最后，在谈判时，谈判代表须注意商务礼仪，包括日程安排、宴请规格等。

## 4.4 谈判中不能退让的底线

在谈判前，不仅要设定谈判底线，还应设定谈判目标。谈判目标不仅包括拿到资金，还应该对股权、价格、支付方式、罚金、期限等设置目标。同样，谈判底线不仅包括股权和价格，还应该给每一个谈判环节设定相应的底线。

### 1. 设定目标和底线

谈判是一个非常关键的工作，确定目标时不能盲目乐观地追求利益最大化，而不考虑谈判时遇到的种种困难。在设定目标时，应定出上、中、下三个目标，根据谈判的情况随机应变、调整目标。由于谈判涉及内容广泛，每一项都要设置目标，在这种情况下，就要将各个目标进行排队，以实现重要目标为首要目的，以妥协次要目标为缓兵之计。同理，设置底线应像设置目标一样，分好轻重、层次。

### 2. 投资人触及底线时应对策略

想要在谈判中步步为营，做到有进有退是非常困难的。如果投资人屡次试探底线，创业者也应学会应对。具体应对策略措施如下表所示。

| 措施 | 主要内容 |
|---|---|
| 小心试探 | 投资人是谈判老手，他们会根据创业者的语气、诚意以及调查等为自己争取最大的利益。这时，就会试探创业者的底线在哪里。离底线越近，投资人获得的利益就越多。投资人会通过调查、数据、分析等来触及创业者的底线，如果创业者的目标和底线设定是随意的，很有可能会陷入投资人的圈套。为此，创业者需对目标和底线有一个清楚的认识，并拿出自己调查的数据，通过分析以理服人 |
| 明确底线 | 创业者在谈判时，很可能已经设定了目标。但底线却设置得很模糊。导致投资人拿出数据时，创业者会怀疑自己的底线设置得是否过高。当投资人进一步试探时，为了能融资成功，创业者很可能就此妥协。因此，当投资人一步步试探时，创业者必须对底线做到心中有数。如果谈不拢，创业者须明确自己的底线 |
| 警惕小陷阱 | 谈判时，股权、罚金、支付方式等各项内容，都有一个上下浮动的范围。双方各自求取利益最大化。在两不相让时，最容易出现折中的情况。比如，升高的退一步，降低的退一步，这样差距的中点就会合了。表面看来，这种折中很公平。但事实上，由于双方出价不同，折中后未必是一个公平的价格。这很可能是投资人设定的杀价小陷阱。为此，在折中前，创业者必须确定，折中是否还在底线以上 |

## 4.5 避免陷入投资人挖下的陷阱

企业融资，是利用外来的资金让企业得到更好发展或帮助企业渡过难关的。然而，创业者为了能够尽快融资，并不能控制好融资过程中的每一个环节，一不小心就掉入了投资人挖下的陷阱里。一旦陷入其中，不仅不会帮助企业，还会给企业带来重创。因此，在融资过程中，创业者必须保持冷静的头脑，不能为了拿到资金而忽视了融资存在的陷阱。

创业者会“隐藏”企业的不足，投资人同样也会隐藏相关政策法规和商业规则，以及融资机构的组织重置、部门变动、人员更替等架空创业者。还有的投资人看到了项目前景，投资后企业运转越来越规范，甚至回报丰厚。这时，投资人很可能投资第一笔资金，拿到创意或技术后撤资，并另起炉灶，干起自己的生意。另外，在融资时还要避免其他陷阱，具体如下表所示。

| | |
|---|---|
| 其他融资陷阱 | 给合资经营者作担保：创业者为了能够拿到资金，选择与其他企业共同合作，引进合作方资金。这种模式是经常使用的一种融资方式。但在操作过程中，创业者为了能够尽快拿到资金，在对合作方的信誉、资产状况、合作意图都不了解的情况下贸然合作，甚至以自身的资产和信誉为对方提供担保来完成融资。这种情况，往往会被图谋不轨的人所利用，把企业所得的担保贷款移做他用或携款逃跑等。等创业者明白过来，企业不仅没有融资成功反而又惹了一身债务 |
| | 非法借贷：有些创业者因企业急需资金，或项目急需启动资金，在融资渠道进行不顺利时，很可能会想到低息贷款，或与其他企业之间非法相互拆借资金来缓解资金压力。殊不知，这种情况往往会成了别人的鱼饵，中了别人的圈套。并且，这些借贷方式不被法律所允许，一旦对方控诉创业者，企业会因得不到法律的支持而遭受重创 |
| | 负债经营：企业贷款是一件司空见惯的商业行为。但对于多数初创企业和个人创业者来讲，由于创业者没有企业经营的经验，贷款后很可能控制不好银行的利息，使企业踏上高负债经营之路。如果出现这种情况，不仅融资困难，很可能最终因资不抵债走向破产之路 |

面对层出不穷的融资陷阱，创业者在融资时，应做好以下应对陷阱的准备，以防掉入融资陷阱里。

立字为据：无论和什么企业合作，找哪家投资机构，所有的业务往来一定要公事公办并留下具有法律效力的凭据。创业者在流程中得到来往公函后，可以通过专业人员判断该公函是否规范合法，以及是否存在漏洞。

调查辨认：为充分了解投资机构或投资人的实力，可以从网络、官方微博、官方网站、报道的成功案例中入手调查该机构或投资人。另外，正规的融资机构一般不会让企业找专门的机构撰写商业计划书，在做调查工作时，融资机构也不会让创业者承担调查费用，一般会费用共担或由投资机构承担。

找融资服务机构：企业如果有一定的实力，在融资时可以请专业的融资服务机构全程跟踪融资过程，或聘请与融资相关的律师，事先对融资机构的真实性、合同及流程是否有漏洞进行调查确认。

# 兵来将挡——与投资人打交道秘籍

资本市场，每天有无数企业获得资金，也有无数企业被投资人拒绝。如果细心观察就会发现，资质、项目、背景、规模差不多的企业，在同一个投资人面前，待遇却相差很远。造成这一差别的原因在哪里呢？这就涉及融资的技巧。找到了方法，投资人才会对创业者刮目相看。

## 5.1 利用个人魅力吸引投资人

创业者在创业之初，一般很难得到别人的理解和认可，在企业还未被市场接受之前，唯一能做的就是自我推广。然而，除了销售员、企业领导人、技术高手外，还需要向投资人展现创业者的魅力。而这些魅力对企业能否融资成功起着关键的作用。那么，如何利用个人魅力赢得投资人的喜欢呢？

### 1. 良好的精神风貌

无论是否在商场上，个人着装及个人品牌越来越盛行。即使躲在自媒体后面默默码字的“大 V”，也彰显着个人风格。为此，创业者首先要树立起一个专业的形象，体现出企业精神领袖的风貌。因为投资人在未调查之前，他不了解公司，但创业者的形象却能让人想到该企业的“企业文化”。所以，在商业环境中，穿正装是基本要求。

### 2. 将“商业头脑”付诸行动

别人没有看到的商机创业者看到了，这就是眼光敏锐，而创业者如果将想法付诸实施，这就是传说中的“商业头脑”。但这个商业头脑却不是投资人所认为的。他们每天看大量的创业项目，见许多创业者，每一位创业者都具有所谓的商业头脑。在他们看来，真正具有商业头脑的人，是能把商业做到百分之百投入，不达目的不罢休的人。行动、实干，才能体现一个人的实力。

### 3．强调个人的敬业精神

敬业精神是创业者对待事业的态度。投资人知道，所有的创业之路不会一帆风顺。在融资时，创业者可以强调自己的敬业精神，并把创业中遭遇的困难，以及如何达成的目标，等等故事讲给投资人听，投资人很可能因为这种不屈不挠的精神而愿意投资。但是，讲述时所有的评价是通过故事让投资人去感受的，而不是自己去评价的。比如，“我这一路走来太不容易了……”“我非常佩服自己能挺过那段时间……”“相信我的敬业精神……”等。这些话语不仅不会打动投资人，还会让投资人觉得矫情。最正确的方法是，只讲故事，对自己的故事不作评价，让投资人去感受这一路的艰辛。

### 4．责任、真诚

不少企业融资只为“圈钱”，投资人在投资时，会考虑创业者到底拿钱做何用。如果创业者不能打消投资人的这些疑虑，就无法让他们相信你进而拿钱投资。最好的办法就是，讲述对于这份事业的热爱、执着，并为此努力了多久。投资人了解了这份执着与真诚才能被打动。不过，创业者不可以用这种手段骗取投资人的资金，这样或许能获得融资，但日后也会留下信用“案底”，得不偿失。

### 5．有团队合作的观念

创业者不是个人行为，而是一种团队行为。所有成功的企业都有一个好的团队，企业从董事长到员工，每个人都有明确的责任和分工；这样一个团队往往有一个核心人物，他懂得怎样带领大家齐心协力使企业快速成长。这样的领导人，正是投资人喜欢的领导人。懂得管理团队并具有团队合作观念的创业者，才能在融资后对于投资机构的介入持公正公平的态度，避免不必要的麻烦。

## 5.2 展现团队魅力，打动投资人

什么是团队？团队就是把个人的力量集中在一起，共同完成一个目标的组织。一个团队内，既有技能和经验优秀的人员，也有运营和销售好的人员；既有财务和翻译工作者，又有人力资源和法律工作者……总之，团队就是取长补短，将不同专业的人才聚集到一起。而团队如何才能发挥自己的优势？个人如何愿意展现自己的专业技能呢？创业者想要用团队吸引投资人，就要展现出这是一个怎样的团队。

### 1. 讲述团队应对困难时的故事

每个企业都制定了长期目标、中期目标和短期目标。目标制定简单，但做到却非常困难，中间除了市场中不确定的因素，还有人员调动因素。那么，在面对种种困难时，团队是如何应对工作中的挑战并完成任务的呢？在遇到障碍的时候如何应对、是否足够冷静、团队是否愿意付出一切去努力呢？突出为了达到目标团队努力的过程，即展现了团队的协作能力。

### 2. 展现团队目标

企业内部，有很多小团队。每个小团队在完成企业制定的目标后，是否还制定了小团队目标呢？他们为什么愿意制定团队目标？是怎样完成目标的呢？只有部分领导懂得带领小团队，并保证小团队听从指挥，才算是一个执行很好的公司。

### 3. 是否了解团队的缺点

人无完人，团队也没有绝对完美的。团队内总是有能干的成员离职或调离原职位。那么，公司内部的领导是如何根据他们的特点，来合理安排工作的呢？当团队内某位出色的专业成员离职或调离后，又是怎样应对的呢？这类阐述，不仅表现了团队的战斗力，还表现了企业领导的管理素质。

### 4. 团队是否有梦想

不少领导人抱怨团队成员懒散，只拿工资不负责任，每天像一个打卡的机器。有此抱怨的创业者是不了解每个人的特性，也可以说，没有调动起他们真正的原动力。如果一个企业团队没有梦想和激情，那么这家企业是“死”的。而能调动起团队原动力的在于企业领导者，领导者能给团队什么？除了金钱，是否提供了学习、进修、升职等机会？是否了解团队成员喜欢什么样的工作，以及愿意做什么样的工作？投资人了解了团队的管理、奖励、激励制度后，就能感受到团队内部文化。只有一个有激情、有梦想、不断进步的团队才是投资人喜欢的团队。

## 5.3 专业的管理能力，让投资者信服

几十年前，领导的方式只有两种：控制与命令。那时经济属于增长时期，只需要严格把控流水线，控制销售量就可以了。如今，市场新产品越来越多，市场逐渐饱和，企业面临的问题是竞争，新产品竞争、新老对手竞争、新兴行业的竞争等。面对现在的市场环境，老的管理模式已不再适用，现代投资人更看重创业者能否应对这样的竞争，能否带领团队应付这些竞争。所以，向投资者展现创业者的管理能力，也是让投资人信服的一种方法。

### 1. 不是“万能”型领导

在企业初创期，创业者每天忙得焦头烂额，抓技术、搞运营、找资金、管团队等。创业者在员工面前，简直是一个“万能”型的领导。但在实际管理中，创业者必须学会指派任务，让每个团队独自运作，而不是凡事亲力亲为。当创业者抽出时间后，才能思考每个团队之间的联系，应该怎样管理团队，并让他们独自运转。管理团队，不仅团队与团队之间有明确的分工，创业者也是团队中的一分子，所以必须给自己分好工，这样才知道自己到底应该干什么。当把这些理清后，投资人就会认为创业者具备专业的管理能力。至少在管理上，是有明确分工，思路是清晰的。

### 2. 树立榜样，员工信服才更有说服力

现实职场中，经常见到颐指气使的领导，他们仗着自己是老板，又比较有钱，对员工总是非常苛刻，导致员工怨气冲天。这样的企业一旦遇到问题，还能指望团队协作共同应对困难吗？最好的领导是以身作则，在企业内部树立榜样，让员工由衷的佩服。比如，领

导拿工资靠实力说话；领导比员工还关心他们的家人；领导比员工还遵守企业制度等。如果创业者在管理上能以身作则，在调查时员工佩服，喜欢这样的老板，那么投资人就会相信创业者的管理能力。企业交给这样的合伙人，没有什么事是做不成的。

### 3. 知识结构安排合理

创业者在初创期，特别重视技术和产品，团队成员的知识结构多以纯粹的技术人员组成。这类型企业很容易出现“技术称王、营销不力”的情况，导致产品与市场脱节的情况；而过于重视营销团队的企业，又会缺乏对技术的领悟力和敏感性，很容易在技术上无法与对手竞争。为此，创业者必须合理安排企业的知识结构。一般来说，一个优秀的团队包括如下表所示的几个方面。

| 团队成员 | 作用 |
| --- | --- |
| 决策者 | 有强烈的创新意识，能决定企业未来的发展方向 |
| 策划者 | 策划能力强，能全面周到地分析公司面临的机遇与风险，考虑成本、投资平衡，甚至能帮助企业制定管理规范、长远规划等工作 |
| 执行者 | 执行力较强的人，他能负责企业的具体执行过程。比如，联系客户、市场调研等 |
| 研发者 | 研发人员。帮助企业研发新产品，研究竞争对手产品等 |
| 其他人员 | 企业还需要财务、法律、审计等方面专业知识人才 |

初创期的企业，不需要职位划分特别细，在必要时可以一个成员身兼数职，或配置兼职人员。比如，审计、财务、法律人员等。

## 5.4 借助人际关系，找到可靠的投资人

投资方向不同，背景不同，相应的投资人也会有不同的投资模

式，有的重于战略投资和财务投资，有的喜欢控股，还有的喜欢现金或股权折算……面对如此多的融资形式，怎样才能找到既适合企业，又可靠的投资人呢？

| 寻找投资人方式 | 具体内容 |
| --- | --- |
| 借助平台关系 | 提到人际关系，创业者只想到“人”，就显得落伍了。目前融资市场上，即使没有“人脉”，借助平台也能找到适合的投资人。比如，投融界，就是一个专业的融资服务交易平台。该平台拥有超百万的投融资机构、企业、个人用户入驻。网站自2012年6月建立，至今（截至2015年12月30日）已有资金方20万家，并随着平台的发展，有更多的投资机构入驻。创业者在平台上除了能获得真实投资人、投资机构对项目投资以外，还能享受法律、财务、商业计划书、路演、品牌规划、媒体报道等专业融资服务。创业者如果想要找到专业、可靠的投资人，可以入驻到这个平台上，让平台帮助解决中小微企业融资问题 |
| 借助人际关系 | 建立人际关系的第一步，要创造自己的价值。说得直白些是“被利用价值”。在借助人际关系前，先要问一问自己：“自己对别人有什么用？”如果有用，别人就愿意提供帮助。没人欣赏一个比自己低下的人，所以建立人际关系的第一步像创建品牌一样，让自己有价值。这时，创业者交朋友，不要直接考虑项目如何赚钱，先要考虑项目如何能更好地满足朋友的期望，当他被满足了，就愿意帮助你找到靠谱的投资人 |
| 借助网络关系 | 网络已经进入人们生活的方方面面。创业者想要融资也应该将注意力放到网络上。比如，关于融资的QQ群、微信群，以及通过网络好友搭建人际关系等。在一个融资群内，不仅有创业者，当然也有投资方，当创业者结识这些投资人后，人际关系圈就会扩大，找到投资人的可能性将大大提升。不过，由于网络无法面对面沟通，存在较大的风险，创业者在借助人际关系时，应注意风险的把控 |

如果创业者对投资方还不熟悉，那么应该花点时间补补课，不要着急拿钱。只有做到知己知彼，才能降低自己的风险。另外，在人际关系的处理上，也应该学会包装自己，让自己的价值得到提升，比如，读书、报班等。

## 5.5 合理规划，找到投资的重点

融资时什么最重要？自然是经营最重要。因为无论找银行贷款，还是找 VC/PE，都需要近三年来的财务报表。也就是说，企业到底有没有好好经营是首要条件。只要经营得好，VC/PE 早已准备好了钱。所以，创业者在融资之前，企业到底是怎样经营规划的，以及融资后又有着怎样的规划，才是融资的重点。

### 1．商机第一，转型随后

无论初创期的企业，还是成长期及成熟期的企业，最后都可能面临转型。如果是初创期，在融资时，就要先讲商机，搭建技术、产品的商业模式。紧随其后的是市场升级，将焦点放到用户/客户身上。比如，马云在一次演讲中说："淘宝卖的不是商品，是卖的信用，我相信这个世界上人与人之间是有信任的。"星巴克卖的不是咖啡，而是一种新的生活方式，它是一种关心、一种交流、一种时尚。创业者在融资时，除了让投资人了解商机，还应该讲出商机背后的价值。

### 2．先转型，再融资

创业者找到了商机，或成熟期的企业面临转型，项目启动资金怎么解决呢？当然是利用新项目，以产品升级、开发农产品（与政策有关的说词）、带动山区经济增长（公益事业）等名义，先得到政府的支持。有了政府的宣传和扶持资金，VC/PE 也容易加入进来。借助政府，就能充分借力融资。

### 3．先小额融资，后期再融资

融资过程中，创业者希望资金一步到位。而投资人更喜欢将鸡蛋放到不同的篮子里，以降低风险。也就是说，投资者希望一笔钱分成多个项目。就创业者的角度来讲，大笔资金到账，而企业是随着业务的发展逐步用款，当大笔资金闲置时，会引起投资人的不满。为此，创业者在首轮融资时，无须一次到位，可以分几次融资。另外，小额融资可以借助 P2P 借贷平台、众筹平台等，不仅方便灵活，也没有过大的压力。

## 5.6　志同道合，形成共同的目标

投资人投资企业后，要做的第一件事就是给这家企业安排一个 CFO（首席财务官）。新任 CFO 的存在会让创业者难以施展自己的计划。对于创业者来说，融资前应该做好这样的准备。不过，既然 CFO 迟早要进来，不如向投资人直接表明，愿意接受与投资人共同管理企业的想法。当双方针对此问题无法达成一致时，VC/PE 投资时就会小心；当双方目标一致时，投资人反而愿意与创业者探讨到底怎样管理企业。

不过，创业者也应明白，愿意接受投资人的管理后，也会出现各种问题。比如，麦考林曾经一度面临退市风险，主要原因就是，投资人沈南鹏过度包装和干预管理。创业者把企业当作自己的孩子，而投资人则把企业当作一个“小猪”，因为他们每年要管理数十家，甚至几十家这样的企业。因此，创业者在接受投资人管理企业之前，最好跟投资人多加探讨到底要怎样经营企业，最好能在融资前形成一致的目标。

整合是一个复杂的过程，将两家不同企业文化、不同背景、不同经营策略、不同管理模式和不同人力组织的企业合并，并不是一件容易的事。《中国合伙人》电影中，故事人物原型徐小平说："不要用'兄弟情谊'来追求'共同利益'，要用'共同利益'追求'兄弟情谊'。"面对具有"兄弟情谊"的合伙人，创业者也应该用共同利益，把兄弟情谊建立起来，让投资人看到创业者的真诚，为自己在管理方面争取最大的利益。

另外，投资人表露出投资意向后，在谈论共同管理公司时，不能为了尽快拿到资金而缺少话语权，更不能为了拿到资金而随意作出承诺，签订条款。这样急功近利的心态，人品会大打折扣。同时，在日后的发展中容易与投资人产生矛盾。

## 5.7 肯定承诺，让投资人放心

谁的钱多，谁的权力就大，谁就是当仁不让的大股东。一般来说，创业者有项目/技术，投资人有资金，两者各有资源，合作就是为了优势互补，资源整合。几年前，市场上流行"以市场换技术"的"国策"，然而一些中外合资的项目里，外方把持技术与品牌，中方则完成市场销售，在这样的合资环境中，中方在实际控制力上处于弱势。如今，创业者手持技术与品牌，投资人即使完成市场销售，安排 CFO，创业者依然在企业中占据优势。

比如，2005 年，统一集团与北大荒集团的合作。统一集团具备品牌、渠道和管理优势，北大荒集团则具备奶源基地和加工优势，双方优势互补。双方签订战略协议后，完达山乳业整体估值达10亿元。而后统一集团分几次出资扩股，希望成为完达山的大股东。但由于北大荒集团在完达山乳业公司拥有的强大的实际控制力，经过几轮对决，董事长和总经理完全由北大荒集团提名任命，而统一集团最终也没能控制完达山乳业的经营权。

这个案例说明，创业者要知道在这场博弈中，自己手里到底有什么。因此，在融资时，创业者可以多向投资人做些承诺。但投资人未必相信这些承诺。为了让投资人更加信服，可以在每次承诺后，签署简单的协议，并将承诺内容写在最后的合同中。

但这些承诺并不意味着在股权上一味退让。因为融资成功后，投资人还会根据经营状况再投资，而使自己的股权放大。创业者虽然拥有技术与品牌，但如果投资人胃口过大，将有可能把企业收购。为此，在股权方面，创业者必须认真谨慎。

## 5.8　换位思考，正视自身问题

创业者很清楚企业每年盈利多少，市场经营情况如何，但是往往不知道企业在资本市场上的价格。对企业而言，我要融资，我有项目，只要你们拿钱来，我就能给你们一个美好的未来，其他的就不用管了。然后，在股权配比上，把投资人规划成小股东。这种想法只是创业者的“梦”而已。这正说明创业者在对待创业问题上缺乏正确的认识。

对于创业者而言，最大的问题不在于市场和团队，而是创业者自身的思路和观念。创业初期，创业团队以感情和义气处理相互关系，制度股权要么模糊，要么是资金池型（创业者亲信较多，有钱就花）。当企业逐步做大，制度越来越重要，这时企业出现内耗，投资人在调查企业时，这是必须要重视的问题。

另外，在企业方面，创业者还存在如下表所示的问题。

| 存在问题 | 具体内容 |
| --- | --- |
| 定位不准确 | 企业在规划上没有长远目标，在品牌上没有细分定位，市场前景和经营主要靠行业机遇和人脉关系 |
| 团队结构不明 | 创业者独大，团队教育、执行能力低，经营团队单薄，并未引进专业的职业经理人；尚未形成系统的团队激励机制；在企业文化上，过于空白，人员涣散 |
| 产品有问题 | 产品只能走低廉、批发型市场，缺乏竞争力。缺乏健全的销售、营销、推广、品牌宣传和网络销售团队 |
| 财务有问题 | 回款慢，资金紧张，流动资金不足。缺乏健全的财务管理，缺乏专业的财务人员 |

传统创业者认为，换位思考就是思考投资人要求有多少固定资产，多少净资产，以此权衡是否有投资价值，于是，在商业计划书中渲染企业的资本。然而，对于投资人来讲，他们会看重企业的整体估值。如果企业存在种种问题经营不下去才去融资，那么自然不会融资成功。所以在融资时，创业者应该将企业未来的盈利能力，以及现在有什么样的优势能实现目标作为考虑的重点。

## 5.9 利用无形资产，找到新的企业价值

无形资产是指企业拥有或者控制的没有实物形态的可辨认非货

币性资产。无形资产包括的内容如下图所示。

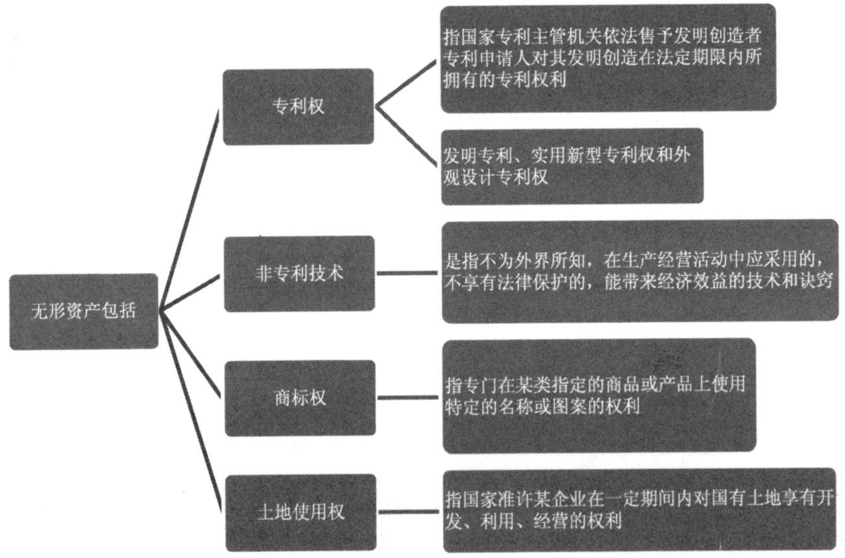


除此之外，无形资产还包括著作权、特许权及长期股权投资、团队、专业人才、销售网络等。创业者如果在无形资产方面有着独特的优势，可以用无形资产的罗列，吸引投资人投资。

从投入价值看，只要在实际的未来经济利益中能带来回报或降低风险的无形资产，创业者都可以将其归类到一起，使企业的价值被提升。比如，技术、商标、土地使用权罗列在一起，找投资人谈判，在讲述时可以把技术、商标、土地等估算出实际费用，降低投资人的风险，这样投资人就会愿意投资。像三九正大药业有限公司，在融资时，就明确规定合资的产品一律使用 999 商标，利用自己品牌的优势拉到资金。

随着互联网自媒体的发展，对于无形资产拉动资金，早已司空见惯。2015 年 10 月 21 日，自媒体平台《罗辑思维》宣布完成 B 轮融资，估值 13.2 亿元。对于一个“生产”视频，发微信公众号的平台，是如何被投资机构看上的？关键就在于无形资产。《罗辑思维》品牌粉丝有530万，视频播放量起过2亿，这些体现的是用户价值。只要用户在，什么样的产品都能创造出价值与收益。

新投资人中国文化产业基金合伙人陈杭表示："内容消费、社群经济和中产阶级消费升级是未来经济的主要增长点。这些增长点正是《罗辑思维》的强项，《罗辑思维》还会衍生出更丰富、有趣的经营模式，我们非常看好《罗辑思维》未来的发展。"

# 规避风险——找到应对之策

做任何事都有风险，融资也不例外。所谓融资风险，是指筹资活动中由于筹资的规划而引起的收益变动的风险。而风险又是多种多样的，为了避免和降低风险，企业必须针对不同的风险采用不同的策略，使融资能够成功。另外，除企业自身存在风险外，投资人也可能设下陷阱，让创业者不知不觉中就陷入其中。本章主要讲述风险与应对之策，让创业者在融资前做好应对风险的准备。

## 6.1 商业机密泄露的风险

任何融资行为都具有一定的风险。在融资过程中其他风险可能会想到规避，唯一难规避的就是商业机密泄露的风险。过于信任某人或团队，导致商业机密泄露；不相信某人或团队，又会导致其不会真心帮助企业。为此，创业者必须学会权衡众多利益之间的关系，才能保住自己的商业机密。

### 6.1.1 哪些途径会泄露商业机密

商业机密是指不为公众所知悉、能为权利人带来经济利益，具有实用性并经权利人采取保密措施的设计资料、程序、产品配方、制作工艺、制作方法、管理方法、客户名单、运营策略等技术信息和经营信息。其中，不为公众所知悉，是指该信息不能在公开渠道直接获取，但不法分子通过某些手段，获得了权利人的商业机密，导致商业机密泄露，造成融资失败。除了不为公众所知悉的群体外，能够泄露商业机密的途径还包括以下六个方面，如下图所示。

为保障企业商业机密技术，企业应制定保密规章制度。比如，签署商业机密保密协议、对信息进行分级，确保信息权限与各级部分密切匹配、对商业机密的载体要严格限制传阅和复制等。

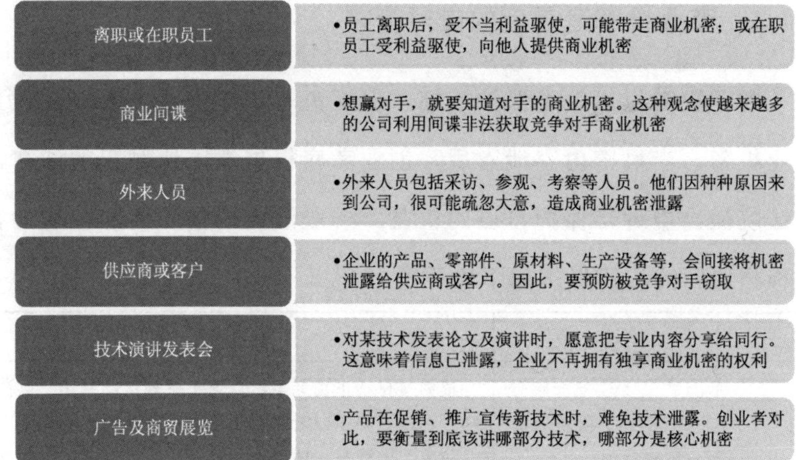


## 6.1.2 企业对商业机密应实施的管理措施

要有效保护公司合法权益，杜绝商业机密泄露，企业应成立专门部门或小组，对相关负责商业机密的人员、组织、载体等制定相关的管理措施，以防公司内部及外部，受不正当利益驱使，而泄露企业的商业机密。企业商业机密管理如下图所示。

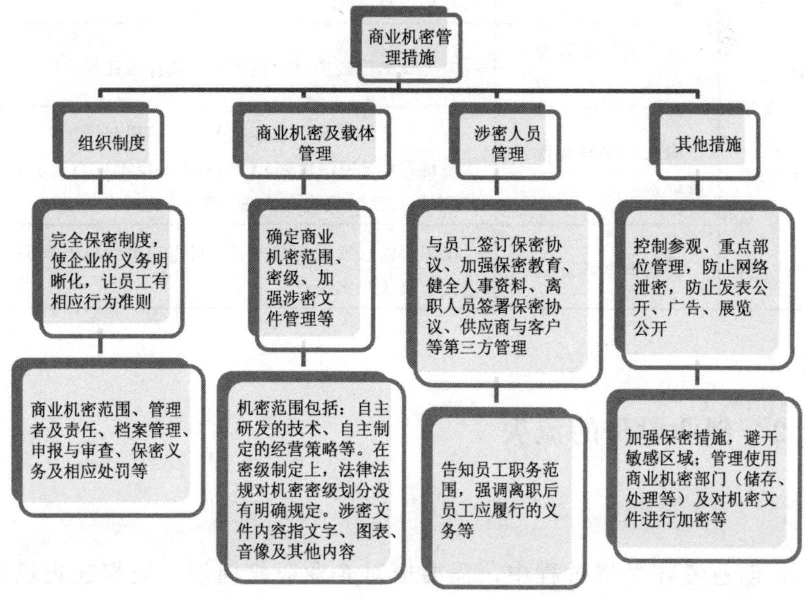

### 6.1.3 商业机密泄露后的应对策略

商业机密虽然做了保护措施，但难免有不正当竞争者设法得到商业机密。当机密内容泄露后，创业者应根据泄密所触犯的法律，向法院提出申诉，保护自己的权益。一般法定的侵犯商业机密的行为和相对应的法律保护如下表所示。

| 项目 | 行为/方法 | 具体内容 |
| --- | --- | --- |
| 法定侵犯商业秘密的行为 | 不正当手段获取商业机密行为 | 根据《反不正当竞争法》第十条规定：禁止“以盗窃、利诱、胁迫或者其他不正当手段获取权利人的商业秘密”的行为，即以不正当手段获取商业机密的行为本身就不合法 |
| | 对不正当取得的商业秘密使用的揭露行为 | 根据《反不正当竞争法》第十条规定：披露、使用、或允许他人使用以不正当手段获取的权利人的商业秘密的行为予以明确禁止 |
| | 来源正当但不正当使用、披露的行为 | 违反约定或违反权利人有关保守商业机密要求，不当披露。使用或允许他人使用所掌握的商业秘密行为 |
| | 第三人的获取、使用、披露行为 | 第三人明知或应知前几种侵犯商业机密违法行为的，仍从那里获取、使用或者披露权利人的商业秘密 |
| 对侵犯秘密行为的法律保护 | 向仲裁机构申请仲裁解决 | 只要申请条件满足《仲裁法》《劳动争议处理条例》，仲裁部门将以法处理 |
| | 向工商行政管理部门投诉 | 向工商部门提供商业机密及侵权行为证据 |
| | 向人民法院提起民事诉讼 | 情节严重的，可以直接向人民法院提起民事诉讼，法院将根据《民法通则》《合同法》《反不正当竞争法》《民事诉讼法》等规定依法办理 |
| | 提起刑事诉讼 | 侵犯商业机密行为严重者，可以向公安机关报案，由公安机关立案侦查 |

## 6.2 创业股份的流失

创业者在融资过程中，需要应对企业股权问题。股权在自己手中，融资难；股权放出去，有可能被投资者赶走。可见，创业者只有梦想、懂技术是远远不够的，还需要应对融资、经营中出现的各种各样的问题。

### 6.2.1 创业最初的股份流失问题

在创业初期，创业者需要大量资金。如果能在初创期就得到投资人的大量资金，对于企业来讲，无疑是雪中送炭。可作为回报，创业者需要付出与资金相对等的股权，甚至股权比重超过了创业者。资金能解决企业的困难，但也会在未来给企业带来毁灭性的灾难。而多数创业者在忙着将企业做大做强，从而忽略了这一问题的重要性。

2008 年于刚和刘峻岭用几百万元资金创立了 1 号店，第一轮融资 2 000 万元后，受金融危机的影响，VC 不再投资电商，1 号店无钱可用，在困境中找到了平安集团。2010 年 5 月，平安出资 8 000 万元，收购 1 号店 80%股权，创始人团队留下了 20%的股权。2011 年 5 月，平安集团将 20%的股权作价 6 500 万美元出售给沃尔玛，同时沃尔玛出资购买了用于兑现 1 号店管理团队与平安集团签订的股权激励协议股份。2011 年 8 月，沃尔玛正式入股 1 号店。12 月，沃尔玛从平安集团手中接手 50%股权。2012 年，沃尔玛增持 1 号店股份，10 月正式宣布控制 1 号店，取代平安成为 1 号店大股东。在此消息透露之前，京东刘强东透露，其实沃尔玛也曾与京东进行过谈判，历时半年多，唯一无法达成的条款就是沃尔玛要求最终控股京东商城，直到全盘收购。

投资人一般分为财务投资人和战略投资人两种。风险投资基金是财务投资人，他们投资的主要目的是通过股权投资溢价退出获取财务收益，一般不直接参与经营管理企业，更不会要求控制投资企业。而战略投资人一般和被投资企业处于同一行业、相近行业或同一产业链的不同环节，他们的主要投资考虑是为自身的产业链战略布局。因此，战略投资人一般会要求控制企业股权或企业董事会。

1 号店在弹尽粮绝的困境中将股权拱手相让，最终导致被全盘收购。对创业者来说，很少能注意到这一点，因为他们大多急于扩张，急于把企业做大做强，有了投资人专业管理团队的加入，只会让企业规模越来越大。为此，愿意放弃掌舵者的身份。

面对股权被稀释问题，创业者应从根本上预防敌意收购。投资前，达成协议，相互持有对方股份，并确保敌意收购时，不将手中股权转让。另外，不要为了那些卖出自己过多股份的企业感到惋惜，因为他们在企业上市前已付出了高昂的代价来获得大量资金。

### 6.2.2 创业过程中股份流失问题

创业初期 VC 想要直接控制企业，创业中期，随着后轮融资无形中也会让股份流失。比如，1 号店在初期将股权拱手相让平安集团，后期经营中平安集团将股权折价卖给沃尔玛，使沃尔玛最终控制 1 号店。不过，对于企业而言，被稀释容易找到资金，不被稀释又会对企业造成损害，进而影响企业经营。

那么到底要不要设置股权流失条款、设置什么样的防止股权稀释的条款呢？这是由创业者和投资人之间双方的力量决定的。如果创业者拿到资金的同时要不可避免地被稀释股权，就要争取设立较为宽松的条款。该条款一方面要保证实施，另一方面让前轮融资的机构参与下轮融资，中间由别家机构投资。即使在后一轮机构想要稀释企业股份，降价幅度也会变窄，以降低被稀释的可能性。

防稀释条款主要分为两类：一类是在股权结构上防止股份价值被稀释，另一类是在后续融资过程中防止股份被稀释，具体如下表所示。

<table>
<tr><td rowspan="5">防稀释条款</td><td rowspan="2">防止股份价值被稀释</td><td>转换权</td><td>企业股份发生送股、股份分拆、合并等股份重组情况时，转换价格相应调整。如：A 系列优先股股东可以在任何时间将其股份转换成普通股，转换比例为 1∶1，以防止股权被稀释</td></tr>
<tr><td>优先购买权</td><td>企业进行 B 轮融资时，A 轮投资人有权选择继续投资获得至少与其当前股权比例相应数量的新股，以使 A 轮投资人在企业中的股权比例不会因为 B 轮融资而降低。如 B 轮融资时，股价股权均发生变化，A 轮投资人可以增发股份，或购买到与之前相应的股份比例</td></tr>
<tr><td rowspan="3">降价融资防稀释保护权</td><td>防稀释条款</td><td>如果企业发行新股的权益证券价格低于当时适用的 A 系列优先股转化价格，则 A 系列优先股的转换价格将按照广义加权平均的方式进行调整，减少投资人的稀释</td></tr>
<tr><td>完全棘轮条款</td><td>如果企业后续发行的股价低于 A 轮投资人当时适用的转换价格，那么 A 轮的投资人实际转化价格也要降低到新的发行价格</td></tr>
<tr><td>加权平均条款</td><td>如果后续发行的股价低于 A 轮的转换价格，那么新的转换价格就会降低 A 轮转换价格和后续融资发行价格的加权平均值</td></tr>
</table>

### 6.2.3 怎么防止股份流失

防稀释条款，通过是投资人为了后续低价融资时，保护自己利益的一种方式。对于创业者来讲，防稀释条款又是融资的一部分。如果没有该条款，不仅无法进行后轮融资，也无法保障自己的权益。为此，在应对防止股份流失时，还应该注意以下事项。

### 1. 创业者争取“参与”条款

创业者在与投资人谈判防稀释条款时，不能忘记自己拥有的权利，不可因为自己是企业创始人，就忘记自己也有“防稀释”权利。比如，受到降价融资防稀释保护权、购买相应比例的股份、将手中股份按照相应股价做相应调整等。

### 2. 避免设置完全棘轮条款

完全棘轮条款，是对优先投资人最有利的方式。很大程度上企业承担了经营中不利的风险，对于普通股东来讲，还是有着重大的稀释影响。为此，在设置完全棘轮条款时，可以进行如下图所示的修正。

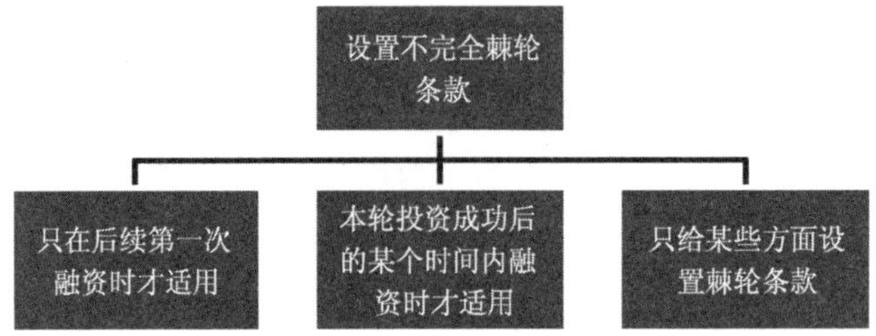


### 3. 设立“持续融资”条款，完善例外事项

企业发生降价融资情况时，投资人如果想执行防稀释条款，就必须按照条款约定参与购买降价融资股份。如果投资人不愿意购买新发行的股份，则防稀释条款将无效。另外，企业融资时，使用债权、现股或期股发行时，应根据不同的情况，调整相应的条款。

## 6.3 融资过程中的协议陷阱

融资过程中，虽然投融双方是平等的，但难免融资方处于弱势。

而创业者往往在经验最少时开始融资，为了达到目的，难免签署“不平等”条约。而投资人却每年需要签署数十份，甚至几十份合约，对于经验老到的投资人，难免挖坑让创业者跳。

### 6.3.1 为什么会出现陷阱

投资人是一个资深的好棋手。他们在制定标准的“Term Sheet”（投资协议条款清单）时，已浓缩了几百个风险投资公司总结出的经验。他们手中的每一个棋子，像 Term Sheet 中的专业术语、企业经营好时、企业经营差时、B、C 轮融资时、出售公司时等，他们能预见、预防投资中的每一个事件。所以，Term Sheet 的条款是他们能发挥最佳效果的条款。

即使经历了几次融资的创业者，在其创业生涯中，也很难有超过 10 次融资的机会。而投资人则每年会直接或间接投资 5～10 个投资项目。这中间的经验，完全不成正比。所以，对于投资人来讲，每当制定一个条款，他们会说：“这个条款是标准的，没有什么好解释的。”这些条款真的是标准的合同范本吗？当然不是，每家企业自身情况不同、项目不同、创业者能力不同、团队不同……约束自然也不相同。如果为了拿到资金，稀里糊涂地签下这份“标准条款”，那么就上了投资人的“当”了。这些条款并不是什么标准条款，而是投资人多年来总结的经验而已，所以融资时，不少企业会聘请专业的法律顾问，以防不小心掉入陷阱中。另外，创业者不要认为自己全能，省下聘请律师的钱，因为条款中一个最小的约束，很可能在后期经营中，损失掉大笔资金。

## 6.3.2 融资过程中面临的陷阱

投资人是资本财务运作专家，也是制定条款清单的专家。从一定角度讲，投资人在制定条款清单时，一定程度上保护着自己的权益与利益，这无形中伤害了创业者的利益与权益。为此，创业者在签署 Term Sheet 时，需要了解投资人一般喜欢挖什么样的陷阱，具体如下表所示。

| 类型 | 含　　义 |
|---|---|
| 单项限制条款 | 一般表现的情况有两种：单项锁定条款和单项禁止条款。比如，在签订正式协议前，投资人会要求创业者先签订其他条款，这些条款只是约束创业者的，目的是通过“禁止”条款，让创业者失去权益 |
| 企业低卖条款 | 在签订协议前，投资人会觉得企业不错，等真正签署协议时，又会挑企业的毛病。这时，创业者很容易为了拿到资金，给企业估值很低，从而降低了企业的投资价值 |
| 优先权条款 | 一家经营良好的企业，未必没有投资风险。为了降低自己的风险，投资人会希望签署优先权，确保自己的利益。比如，优先清算权、优先购买股份权、优先融资权等 |
| “失去控制”条款 | 创业者融资时，用股权融资，企业股权发生变更。当所有权变更时，如果投资人在中间设置了“单项限制”条款，创业者就会对企业失去控制，被投资人赶出企业 |

投资人打算投资时，会要求创业者签署“独家协议”，签署该协议后，期间创业者无法跟其他投资人沟通，所以也无法向其他投资人咨询相关内容。这期间签署的对赌协议，很可能保障投资人的权益较大。为此，创业者在签署各种协议时，最好全程聘请专业律师，以防将自己的企业“低价售出”。

## 6.3.3 防止掉入融资陷阱

无论大企业还是小项目，撕破脸皮的案例非常多。为了后期利益不受损失，最好提前了解投资人可能会挖下的陷阱。不过，有些明明知道是陷阱，但为了拿到资金却不得不签署“不平等”条款，而投资人就是利用了创业者的这种心理而达到目的的。具体表现在以下几方面。

### 1. 融资费用高，不融资更难熬

创业者想要融资，除了调查投资人、学习专业知识、优化项目/团队/模式外，还会花费一定的费用，聘请与融资相关的人员，比如律师、谈判团队等。这些专业人士中，每一项费用都是一笔不小的开支。创业者付出大笔费用，总算熬到了签署协议的时候，投资人反过来挑企业的毛病。创业者很可能在这时向投资人妥协，导致签署“不平等”条款。

### 2. 掉入诈骗陷阱

融资时，最基本的一个环节是调查投资机构。有些投资机构网上能查询到相关信息，工商部分确实有相关登记，但依然无法避免掉入诈骗陷阱。这类企业一般需要缴纳相关律师费、评估费、受理费、撰写商业计划书的费用。等创业者缴完费用后，企业不会跑掉或倒闭，而是在签署协议前，提出“不平等”条款，如果不签署就不投资。创业者面对不平等条款只能放弃融资。这时，才发现他们是为了骗取相关材料费用。

融资时，真实的投资机构一般不会要求创业者缴纳费用，更不会帮助创业者撰写商业计划书。并且，律师、谈判团队等与融资相关的专业人士，最好由企业聘请。

### 3. 注重投资人的态度

创业者应该时刻提醒自己“天上不会掉馅饼”，如果投资人的态度过于热情，或没有进行深入调查就表现出强烈的意愿，签署相关协议，就需要小心谨慎了。因为专业、正规的投资机构每天会收到上百份商业计划书，不会专门对某个项目或企业过度热情，也不会在未调查之前就对某个企业明确表示要投资的意向。所以，正规流程没有走完时，签署任何条款都要小心。

07 第七章

CHAPTER

# 融资上市——打得一手专业好牌

上市，似乎很遥远。其实，如果创业者懂资本市场就会发现，哪个阶段的企业都能实现上市，只是时间不同而已。而对于有些企业来讲，已经形成较大的规模，目前正准备走向资本市场，只是不知道该如何运作它，如何找到资金。本章主要介绍企业融资上市，无论中小企业还是规模较大的成熟企业都有详细讲解，为创业者开辟了新的融资渠道。

## 7.1 上市是个专业活儿

创业者创业渴望两件事，一是企业发展到什么程度可以上市，二是哪种上市形式适合自己的企业。当企业越来越成熟，需要转型或者转向资本市场，上市无疑是最好的选择。那么，企业想要上市怎样才能融到资金呢？

### 7.1.1 我的企业能上市吗

提及资本市场，初创期和成长期的创业者肯定觉得高不可攀，觉得上市离自己还很遥远。也有业界、学界资深专家质疑企业上市，说："看看美债、欧债、日本停滞的惨样儿，别拿资本市场忽悠。中国的根基是实体经济，重振制造业。"事实上，资本市场并不是大企业的专利品，中小企业创业者完全可以利用它。只要学会和利用它就能找到融资制胜的法宝，同时企业的经营也会规范化，有一定的广告效应，银行的信用等级也会得到优化。

目前，推出的新三板、新四板，都是针对中小企业提供融资通道。三板、四板，严格来讲是"挂牌"，不算上市。但挂牌上市，肯定是实现融资的一个渠道，而且估值很高。从 2013 年 5 月 28 日首家企业挂牌以来，到 2015 年 4 月挂牌上市企业已多达 2300 家，相比主板、中小板和创业板合计的 2600 家上市公司，中小企业离挂牌上市的距离并不遥远。

上市看似遥远，实则很近。但一家企业能够上市也是集“天时、地利、人合”等多种资源于一体。企业若能上市，绝对是值得庆贺的事。但就主板、中小板、创业板等证监会一年也只能发 200 家左右的批文，此间的艰辛与复杂程度也不能小视。

上市之路虽可行，但前方也有阻碍。这不正像融资一样吗？企业有融资渠道，但真拿到资金却要历尽千辛万苦。上市就是融资的途径，如果企业能用挂牌上市的方法拿到资金，最终还能上市成功，这种方法为何不用？

## 7.1.2 上市前的几个问题

企业上市极其专业复杂，令不少创业者望而生畏。不过，上市前多问问自己，企业到底能不能上市？以及怎样上市？在什么地方上市？等等。找到了问题的答案，也就找到了上市的方法。企业上市前需考虑的问题如下图所示。

| | |
|---|---|
| 什么时候上市 | •企业上市由内部和外部两个方面的因素决定。外部指资本市场是否活跃、是否有条件、是否有政策等的支持。内部条件通常要求企业本身具有高利润率、广阔的市场空间、规范的运营管理模式及较大规模才能满足上市条件 |
| 在什么地方上市 | •企业在上市前要考虑在什么地方上市。国内上市难，门槛高，融资成本低；国外上市门槛低，融资成本高 |
| 以什么身份上市 | •企业上市要考虑上市难易度、融资难易度及股民和投资机构会认为哪个行业容易上市等 |
| 为什么要上市 | •为了融资上市？还是到了上市的时间而需要融资？在上市融资过程中，企业能获得许多附加值，比如，提升企业品牌知名度，提高市场竞争力，扩大企业规模，让管理更规范等 |
| 怎样上市融资 | •投资人喜欢投资高成长性的企业。只要该类企业能占领广大市场，利润率很高，就很容易融资。因为他们知道，买股票买的是未来 |

2014年6月24日，迅雷登录美国纳斯达克股票交易市场，上市成功。在2011年时，迅雷就开始申请上市，之所以没有成功，是因为企业存在版权纠纷问题。自2011～2014年3月月底，迅雷一直处理版权问题。在上市前迅雷与美国电影协会达成了《内容保护协议》，限制美剧、电影非法下载，为上市清理版权上的障碍。迅雷还发起并承办了“CC 2014中国互联网版权保护行动计划”，联合爱奇艺、优酷等视频网站共同反对盗版，获得了政府层的认可。

在营收估值方面，2011财年迅雷营收为8 750万美元，2012财年为1.48亿美元，2013财年为1.8亿美元，截至2014年3月31日，迅雷拥有现金及现金等价物为3.02亿美元。

在融资方面，迅雷E轮融资获得了小米领投，金额为2亿美元，金山软件、晨兴创投、IDG跟投等机构融资为1.1亿美元，总额为3.1亿美元的融资金额。为了拿到小米资金，迅雷采用战略融资，而非风险投资。比如，迅雷云加速技术全面开放给小米公司使用，小米的硬件产品将会内置迅雷旗下的相关服务等。2013年小米共售出1870万台手机，MIUI用户达到3 000万。不仅如此，迅雷与小米的合作重点还放在移动端和智能家居领域，强化“移动互联网”和“智能家居”两大概念。

迅雷上市的成功，回答了不少投资者需要问的几个问题。比如，什么时候上市？迅雷第一次上市未成功，就是没有搞清楚什么时候该上市，导致三年中一直处理版权问题。在什么地方上市？迅雷选择美国纳斯达克上市，因为他们与美国电影协会签署了《内容保护协议》，美国方面为迅雷开启绿色通道。以什么身份上市？迅雷不仅是网络视频资源聚集地，还是拥有专业技术的企业，因此，回答了怎样上市融资的问题，其用专业技术及营收估值的高增长，获得了小米的领投。

### 7.1.3 巧妙上市融资的秘籍

不同的资本市场，有不同的门槛和上市流程。不少成熟企业本身条件已达上市标准，只要实现融资，按照规章制度走完流程就能上市成功。而对于中小企业而言，要想达到上市门槛和标准，需要做很多准备。比如，保持企业高增长率；让资本市场喜欢你的企业等。为了让中小企业也能融资上市，创业者还需要了解融资规律，具体如下图所示。

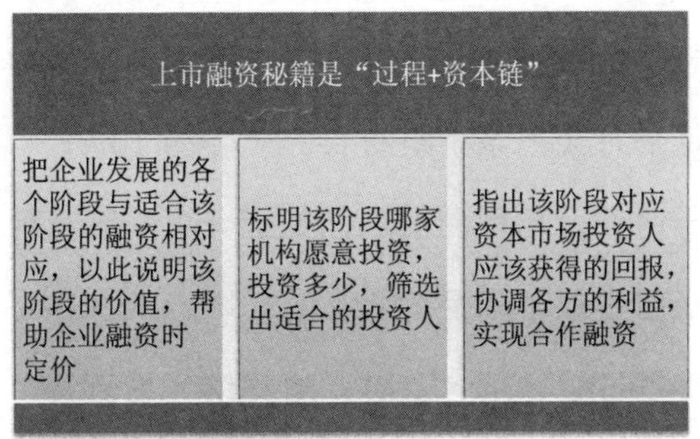


普通企业利润率低，缺少核心技术，缺乏创新的商业模式，市场狭小，缺少发展思路，与高增长潜力的企业相差甚远，所以企业可以根据“过程+资本链”主动筹划融资后，通过新的股东和战略伙伴，帮助企业规范管理、梳理财务，与新、老股东一起增加技术和商业模式的创新。随着资本的不断注入，有助于帮助企业逐步实现高增长率。

韩都衣舍创建于 2008 年 3 月，前期装修办公室、租赁仓库等投放了 60 多万元。在当时，这样的投入只能算是一个小卖家。不过，企业创业人赵迎光说：“我当时就意识到，淘宝网店已经进入大兵团作战时代。网络销售无地区之分，在淘宝上你所面对的对手是全国各地的同行。”为此，韩都衣舍在设计、生产、行业经验、渠道上并无优势，他决定扬长避短，尝试韩国商品代购模式。

“但这种模式让顾客等待时间过长、经常断货缺货、无法退换货、性价比不高，导致店铺业务发展很缓慢。”而后赵迎光换了另外一种商业模式，效仿西班牙著名服装企业 ZARA 的买手制。这个模式让韩都衣舍从年销售额 130 万元飙升到 3 亿元。该企业的模式是小组制。每个小组的主要工作就是查看竞争对手的据名、排名等工作。每天早上 10 点对所有小组进行排名。排名较高的小组会拿到小组奖金。另外，如果小组想要分裂出去，这个小组还可以向原来的小组交纳培训费，财务系统每个月会把该小组组长的奖金的 10%，自动划给原来的组长，持续一年时间。这种制度鼓励他们分裂，到目前为止，韩都衣舍已有 280 个小组。旗下子品牌包括：HSTYLE、Soneed、A M H、米妮·哈鲁、娜娜日记、范·奎恩、迪葵纳、尼班诗、樱桃小镇、劳拉的誓约、暗码、素缕、自古、果芽品牌。由于韩都衣舍是中国第一家买手模式的企业，又是以小组模式不断创建子品牌，其很快吸引了李泉、李冰冰、黄晓明等明星的投资。随着企业规模不断扩大，子品牌越来越多，赵迎光有了将公司上市的想法，并为此做准备。2015 年 9 月 25 日，九牧王发布公告称，旗下的全资子公司与上海景辉投资管理中心，共同向韩都衣舍注资 6 000 万元，认购韩都衣舍 2.4048%的股份，韩都衣舍目前的估值达 25 亿元，正为上市做准备。

企业在经营过程中，独特的商业模式及管理模式能够找到与此相对应的融资价值。比如，韩都衣舍的品牌定位吸引了三位明星。明星的加入帮助企业做好品牌宣传与推广。品牌得到大力宣传，自然会提高企业增长率，下一个阶段就要是为企业上市做准备。上市前寻找什么样的投资者需要企业进行筛选，比如，九牧王这样已上市的企业会比其他企业更了解上市的流程。有了一步步过程的铺垫，加上资本链的对接，企业实现上市的规划不是没有可能。

### 7.1.4 小企业上市融资技巧

小企业想要上市，需要具备创新的技术、创新的商业模式、规范的财务以及合理的股东结构。这些都能帮助企业实现高增长率。但仅有内部资本是不够的，还需要“天时、地利、人合”等其他条件，具体如下表所示。

| 上市条件 | 具体内容 |
|---|---|
| 时机对 | 企业上市是与资本市场、投资人互动的过程。资本市场上目前热捧的行业，企业恰巧处于该行业中，就占据了“天时” |
| PE 私募参与 | PE 私募是一种股权私募投资基金。他们主要投资一家还未上市的企业，购买该企业股权，然后参与运作直到企业上市，最后再卖掉企业的股票以盈利。PE 私募的参与，有助于改善企业股东结构，充实企业实力，同时借助他们的运作能力，亦可帮助企业达到上市标准 |
| 有人脉 | 企业融资上市，最后有懂行的朋友，参与辅导比较好。因为上市是一个环环相扣的复杂过程，有熟悉上市朋友的帮助，会为企业找到更多资源 |
| 知道国内外上市的区别 | 小企业想要在国外上市，就要老老实实把企业做足做实，只要成长性稳定，就能在国外上市；在国内上市门槛虽高，但要有资源及变通能力 |
| 上市弊端 | 上市意味着财务公开，企业在运作、经营、财务等方面不会再有私密信息 |

上市代表着企业有更好的发展。借助股票流通性方便地安排各方利益。不过，也有上市后主动退市的。比如，李嘉诚在东南亚某通信企业上市后，就主动退市过。如果企业不想上市，还有并购、战略联盟等其他通道安排融资。

## 7.2 企业上市路线图

企业上市的关键首先是高增长潜力；其次需要像PE私募这样的机构加入进来；最后要把上市的过程当成多次融资的过程。这个过程说起来容易，做起来却需要方法。企业上市到底是根据什么样的路线图走向资本市场的呢？具体包括以下几方面。

**上市前的第一步：自我评判**

企业自我评判，主要是“过程+资本链”。过程是，企业目前所处的阶段，是成长期还是成熟期。如果是成长期，营业额大约在数百万元至数千万元之间，最好在国外创业板上市，并做好未来5年高增长率的数据，就能达到上市要求。

如果企业处于成熟期，年营业额达亿元以上，想要尽快上市可以在中小企业板或创业板上市。并在2～3年时间，做好规范梳理才能达到上市的标准。

成长期的企业选择国外上市的原因是因为国内门槛高，一般很难达到创业板上市标准。而在国外上市，却有多种层次上的选择，这也是为什么不少企业在国外上市，如京东商城、迅雷、呷哺呷哺（香港）等。

资本链是指企业到底积累了多少资本。这些资本是否能帮助企业上市。比如，客户人群已发展到多大规模，每年销售额有多少，企业的发展是否是良性的等。

**上市前的第二步：独特优势**

企业想要上市，必须要有独特的优势才能在后期被投资人看上。

独特的优势有两个：一个是平台，另一个是商业模式。

平台，主要考虑平台有多大，资源是否独特，是否与大型平台有对接等。比如，呷哺呷哺在铺设线下实体店的同时，也开通了线上服务，像网上订餐、送优惠券、线下与微信公众平台互动等服务；另外借助交通银行、招商银行、影视公司等平台，实现多方宣传与优惠服务。

平台的对接是商业模式的一种，但并不是全部。比如，像团队运作、经营理念等。比如，韩都衣舍模仿 ZARA 买手模式，并将团队分成小组制。在经营理念上，他们让每个小组跟进韩国诸多品牌产品动态，第一时间引进最新时尚款式，并根据中国顾客的审美习惯，进行二次设计，既降低了成本，又培养出了自己的设计师，将品牌打造成“时尚进口专家”。

**上市前的第三步：挖掘其他独特资源**

其他独特资源包括人际关系、团队、技术等。即商业模式与其他资源的结合。比如，创业者是否有独特的工作经历，这些经历是否帮助企业拓展渠道；团队内部是否有独特人才，帮助企业铺设另外的资源等。

**上市前的第四步：是否有“推手”**

创业者在上市前，要了解自己的企业是否有“推手”，推手就是之前的投资人，他们的加入使企业估值不断提升。有了之前融资的成功经验，就能推企业一把，让企业走向上市之路。这也是为什么企业会进行 A、B、C 等几轮融资的原因。比如，京东在 2007 年 8 月 A 轮融资是 1 000 万美元；2009 年 1 月，B 轮融资是 2 100 万美元；

2011 年 4 月，C 轮融资达到 15 亿美元。京东通过不断融资提升企业价值，为最后的上市做准备。

**上市前的第五步：找到专业人士**

上市是一个复杂的过程，首先要有资金进来。融资的过程又包括路演、财务审计、撰写商业计划书、调查等程序。每一个程序不过关，创业者都无法拿到资金。为此，创业者需要配合专业律师、审计、谈判人员等完成融资，才能找到专业的 PE 私募。

**上市后的第一步：提升股票/企业价值**

专业 PE 私募操作上市后，还要将企业的股票卖给 IPO（Initial Public Offerings 的简称。即首次公开募股，是指企业首次对外公开发行股票）。企业上市想要企业的股票价值有所提升，就要将股票卖给另外的投资人。以此稳定企业股票价，以及帮助企业提升一个“档次”。比如，从创业板升到主板，从新三板、新四板上升到创业板等，进而获得更大融资。

## 7.3 上市中的融资

不管企业能否上市，上市只是融资的一个方法而已。按照传统想法是，企业要融到资金后才能上市成功。不过，为什么不是企业做得好，才更容易找到资金呢？其实，上市是个专业活，每一步都不能走错。这不仅需要懂概念、懂思路，还得肯动手干。

### 7.3.1 上市过程隐藏着融资的秘密

企业上市前，要问自己五个问题，即什么时候上市、在什么地方上市、以什么身份上市、为什么要上市、怎样上市融资等。其实，在上市前想要融资不难，只要找到四个问题的答案，最后的“怎样上市融资”问题就会迎刃而解。

### 1. “什么时候上市”中的融资问题

多数企业发展到成熟阶段，才会考虑上市，但并不是把所有条件都准备充足。如果成熟阶段企业的优势是规模够大，那么，成长阶段的企业便具备了高增长的特点。创业者需要利用高增长的特点去融资，并利用国外创业板对小型高增长企业扶持（造壳、借壳等）的方式上市。相反，企业能上市，也是PE私募愿意投资企业的一种方式。如果企业还未达到高增长优势，就要将企业打造成高增长优势的企业。

### 2. “在什么地方上市”中的融资问题

企业既要考虑融资，又要考虑上市。但是，在融资前必须要先确定在哪里上市，然后才能针对要上市的地方，寻找适合的投资人。比如，在中国主板上市，要考虑资金、规模、门槛等问题，融资时就要寻找运作过上市企业的投资人；如果在国外上市，就要符合国外的行情，寻找运作过国外上市的投资人……总之，企业上市融资，不仅融资金，还要融资源。

### 3. “以什么身份上市”中的融资问题

企业要上市，在申报时会遇到以什么身份上市，以什么资格上市，拿什么资产上市等问题。成熟期企业要考虑剥离优良、高增长资产的特色，用规模和资产保证上市融资成功；经营领域较多的企业要考虑从哪个行业入手去申报。在上市前融资时，多领域行业的企业可以尝试并购、购买其他企业的股份扩大企业某行业或领域的规模。在并购、购股的同时，可以自己的资源与相应的融资机构谈判合作等。

4．“为什么要上市”中的融资问题

上市不仅为了融资，扩大企业资本，上市成功后还能提升企业品牌、影响力，使企业管理、运营越来越规范。当然，有些创业者不敢想象自己的企业会走向资本市场，只是投资人觉得可以走上市路线模式，以此来赚取利益。如果发生这类情况，创业者不应该沾沾自喜，反而应该静下心来思考，因为上市不成功，不仅融资成功，反而会承担巨大的成本。如果创业者不懂资本市场运作规律，没有做好上市的准备，即使上市后也会因不了解资本市场导致退市。

5．“怎样上市融资”中的融资问题

企业上市，一般包括三个方面：要挖掘企业高增长性，要与懂得的专业机构合作，要在上市过程中多次融资。其实，创业者的企业真有上市的准备，或达到了某一个要求（高增长性、规模大、资金丰厚等）自然会有投资机构找上门来。因为没有任何一家投资机构会放过赚钱的机会。在一次采访中，网红咪蒙说：“创业是否成功，在于是否实现了你的目标。我在北京注册了新的影视传媒公司，公司还没注册完，就已经开始赚钱了。现金流还不错。太多风投找我要投资了，我都拒绝了……”为什么咪蒙会说“太多风投找我要投资了，我都拒绝了”这句话呢？因为她够红，有价值输出，有喜欢她的粉丝群体，有 12 年的编辑经验……虽说只是初创期的企业，但已被投资人追着跑，可见创业需要的更多的是实力。

企业上市也要如此。认认真真把基础打好，保持企业增长的稳定性，把聚焦放到是否实现目标上。只要目标实现，怎样上市融资是投资机构帮你考虑的问题了。

### 7.3.2 企业应该在哪儿上市

企业对于上市的地方，已有了一个模糊的概念。比如，中小企业国外上市，成熟期企业靠规模和资本在国内上市。那么，国内外的资本市场到底是怎样的呢？哪个国家的资本市场喜欢什么样的企业呢？了解了基本概况，中小微企业才能找到真正适合上市的地方。

#### 1．伦敦证券交易所

伦敦证券交易所（网址是 http://www/londonstockexchange.com）AIM 市场是全球中小型快速成长企业的重要融资市场。自 1995 年 AIM 成立开始，已有 2000 多家公司在该市场上市。AIM 监管环境简化，企业上市顺利，融资成本是融资额的 4.5%～5%。AIM 市场的类型、特点及趋势如下图所示。

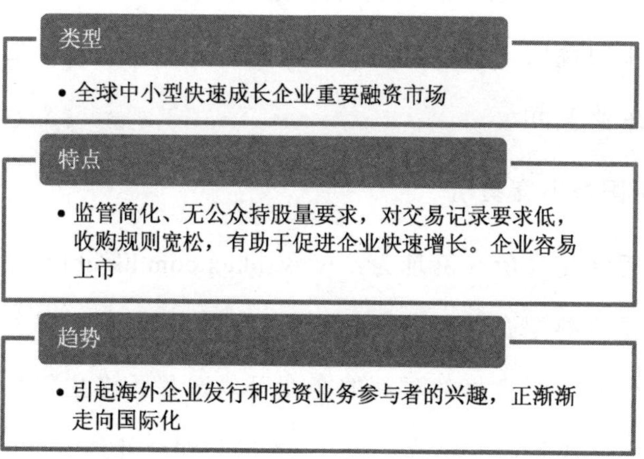


#### 2．加拿大证券市场

加拿大证券市场由多伦多证券交易所（网址是：http://www.tmx.com/china）、多伦多创业交易所（TSX-V）和 CNQ 交易所三个交易所组成。多伦多证券交易所是具有 150 多年历史的主板市场，是世界第六大、北美第三大证券交易所。该交易所上市条件低、操作程序简单、融资费用低，是中小企业的最佳选择。多伦多证券交易所的类型、特点及趋势发下图所示。

**类型**

•全球 公认的矿业领袖，共1100多家矿业企业在多伦多证券交易所上市

**特点**

•上市条件低、周期短、融资筹集资金、程序简单、融资费用低、TSX-V创业板市场可首次公开发行、反向收购、创业资本库

**趋势**

•被公认为协助各类新兴产业的交易所。如高科技制造业、互联网网络、生物医药等

TSX-V 是多伦多交易所的创业板，已有 100 多年历史，该交易所适合有一定业绩或经营史，募集资金 100 万～500 万加元资金的企业。且入市门槛低，适合矿业、高科技制造、互联网、生物医药等多种领域企业上市。

### 3. 中国香港交易所

中国香港交易所（网址为：www.hkex.com.hk/chi）分为主板和创业板，是成熟型企业和中小企业上市的地方。从上市类型看，大型、基础性好、有良好的盈利的企业可以选择香港主板上市。上市条件是，提供 3 条业务经营记录，3 年净利润合计达 5 000 万港币数据等。对于指定类别的企业，可放宽至 2 年业务记录。比如，天然资源开采企业、基础建设性企业等。

想要在创业板上市，只要求企业有增长性的主营业务，上市前

有 2 年活跃业务记录，特别情况下放宽至 1 年业务记录，对企业不设置任何盈利要求。香港创业板的类型、特点及趋势如下图所示。

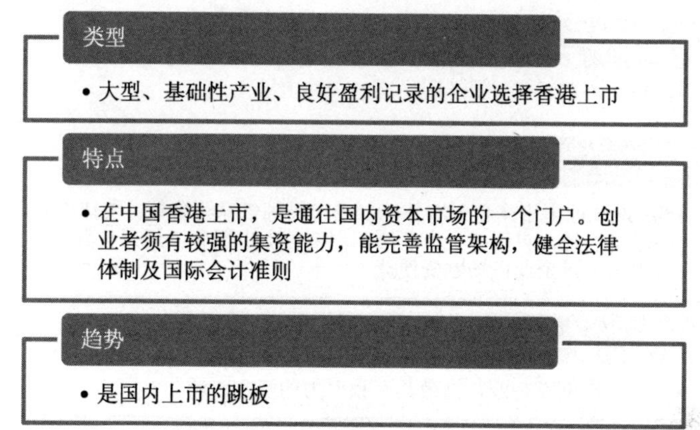


企业在主板上市成功后，企业股票上市时的市值应达到 1 亿港元，最低公众股票市值不能低于 5 000 万港元或不能低于已发行总股本的 25%。如果发行人的股票市值超过 40 亿元港元，则公众股票最低可降至 10%以下。每 100 港元的发行额须由不少于 3 名股东持有。在创业板上市成功后，股票市值不能少于 4 600 万元港元。如果上市时的市值不超过 40 亿港元，则最低公众持股量须为总股本的 25%，金额至少达到 3 000 万港元。如果企业符合 1 年上市要求，上市时社会公众股东不能少于 300 名。

#### 4. 新加坡证券交易所

新加坡证券交易所（网址是：http://www.sgx.com）是值得中小企业考虑的上市地方。因为新加坡红筹股上市较为方便。它适合中小微民营企业，不需要改为股份公司，但需要外资并购。企业发行的股份经过上市销定期后可全部流通。另外，红筹股后续增发简单便捷，行业覆盖面也非常宽。截至 2012 年，中国在新加坡证券交易所上市的企业有：越秀投资、八方电信、新浦化学、金迪生物科技、临沂震元纸业等上百家中国高增长中小微企业。新加坡证券交易所的类型、特点及趋势如下图所示。

类型

•国际化市场

特点

•约35%企业上市来自于海外；二级市场融资手续简单、快速；多种融资途径，灵活的上市条例和创新的上市服务；新兴且具有潜力的中国企业市场融资便捷

趋势

•适合中国创新企业，高效具有吸引力的资本市场

新加坡除红筹股外，还有S股。S股和中国香港的H股比较类似，这类上市门槛高，更适合国有企业或国有股份较大（40%）的混合制企业。除此之外，还需满足股份制改造、股东投资满3年才可变现、经中国证监会同意才能上市等条件。

5．美国证券交易所

美国证券交易所（纽约证券交易所，网址是http://www.nyse.com；纳斯达克交易所，网址是：http://www.nasdaq.com）是全球融资量最大的交易所。该交易所拥有世界上最大、最成熟的资本市场。除了纽约证券交易所和美国证券交易所外，还有纳斯达克自动报价与交易系统两个电子交易市场。在美国，不同的市场有不同的企业融资服务，只要企业符合其中一个上市条件，就可以向美国证监会申请挂牌上市。美国证券交易所通过与中小上市企业形成战略合作，帮助提升企业管理层和股东的价值，为企业提供一个公平有序的市场交易环境。

### 6. A股

中国资本市场的上市条件比海外市场更为严格。对中小型企业来讲，较难在主板上市。实际上，创业板、新三板及新四板的上市审核工作，仍延续了主板现有的方式，在程序上并无区别。目前，中国主板上市条件必须符合如下图所示的条件。

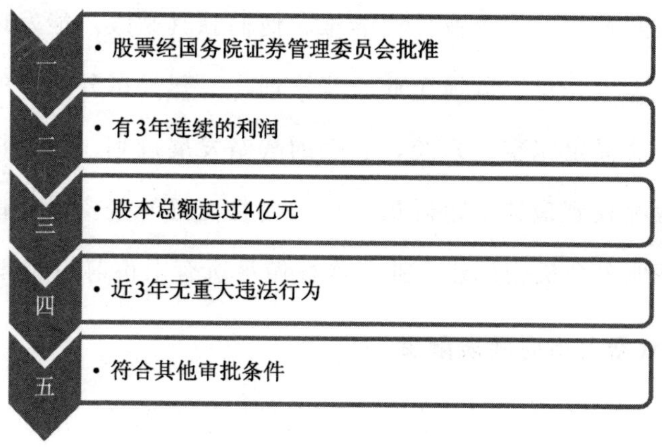


## 7.3.3 找到上市时间表里的窍门

企业确定在哪里上市后，就会有相应的上市时间表，这个时间表是企业与中介机构共同决定的。在上市前的时间表安排中，到底该如何与专业机构合作？如何找到资金呢？在上市时间表里就能找到答案。

### 1. 上市前的梳理工作

作为企业领导人，企业准备上市时，必须成立专门的上市工作组，帮助统筹上市全局，负责有关上市准备，决策各种事项，协调企业内部各部门工作上市计划，代表企业与管理层和中介机构进行沟通等一系列事务的团队。

团队组建成功后，就需要团队内部人员与各中介机构打交道。因为中介机构是国内外监管机构要求的，必须要有。鉴于企业上市是一项牵扯面广、影响范围大的综合性工作，没有哪位创业者通晓所有与上市有关的工作。为此必须请各专业机构协助完成上市的各项任务。其中包括：证券公司、投资银行、保荐人、做市商、会计师事务所、财务顾问、资产评估机构、律师事务所、土地评估机构等。

另外，企业还须有一个资深、专业的上市辅导商、财务顾问人员，给企业定位，为企业排忧解难。他们独具慧眼，能发现企业的优点并包装出亮点；既懂企业经营管理，又熟知国外上市的门道；既能为企业提出完整、系统、长期的战略发展规划，又能根据企业的发展状况找到最佳上市时机。他们会整理好一些资料、信息后，才交给其他中介机构，让企业一次性做足所有上市前的梳理工作。

### 2. 根据上市时间表融资

梳理好企业后，下一步就是要进行多轮融资了。上市的过程就是融资的过程，企业多轮融资是上市前必须走的一段路。一般中小微企业上市的流程安排如下图所示。

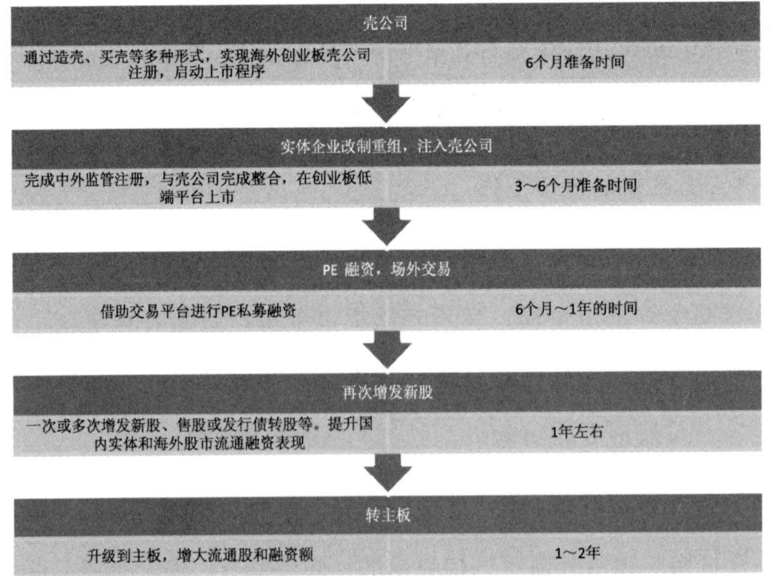

上市实施时间表，是一个正常的流程，一般不能越级。因为某一个环节资质不够，很可能会拖延上市时间。为此，创业者应一步步按照流程走，并从中找到窍门，缩短上市时间。下表所示为上市前的六大诀窍。

| | |
|---|---|
| 你做成绩，他融资 | 上市是“过程+资本链”。没有企业成长过程、盈利过程、创业过程，就不会有资本介入。为此，创业者需要完善“过程”，把数据做实。比如，每年已完成××××万元以上的盈利；企业用数据证明是高增长企业等。只要数据是实在的，美方投资就能一轮一轮融到资金，注入企业内部，支持企业拓展上市。所以，创业者要好好经营企业，融资的事情可以交给他们去做 |
| 你做财务，他对账 | 创业者主要的技能是做好财务报表，这不仅是上市前的工作，同样上市后也要做财务报表。他们会根据财务报表评估企业经营管理情况，根据实际情况进行投资。创业者的职责是把企业的账本做得与实际相符、与其他报表相符 |
| 你融资，他上市 | 企业上市就是不断融资的过程。每一次融资，都是一次“赚钱”的过程。但并不意味着，承诺的利润率靠融资实现，这方面需要实实在在地干出来。但企业每次融资后，必须紧抓高增长性，完成一轮又一轮的融资，最后才能顺理成章地上市 |
| 改制重组你是主，他是客 | 在国外上市重组时，创业者总觉得外方是专家，应该全部听他们的，即使在执行与股份方面也没有提出过多意见，那么企业上市后还是你的吗？企业在上市前准备了上市团队，这就意味着有专业团队来全权操作，不仅外方是专家，自己团队也要是专家 |
| 不是你和我，是“我们” | 企业想要海外上市，不仅要把企业经营好，财力报表做好，还要把商业计划书、路演 PPT、路演、配合调查等工作全部做好。每份资料最好是中英语双份，这样才能吸引国外的投资机构和股民。中外合作融资的好处是，企业可以在亚洲和欧美市场两个地方上市 |
| 小成本，大融资 | 上市前需要聘请专业机构。中外律师、中外会计师、美国辅导商、投行等中介人士费用不是一笔小开支。怎么才能低成本上市呢？在美国辅导商尽职调查的服务费可以协商至首次融资时再到位；首次融资时参与的投行、中介、造壳公司可以提前商议，在有了利益回报后再付现金；中国新三板市场、国家开发银行愿意帮助私有化退市，同时债转股，转板到香港或内地上市。也就是说，即使是退市也是有融资机会的 |

融资上市是一个烦琐复杂的过程，不仅要会干，还要会说。它是每一个环节落到纸上的过程，也是每一个环节都有可能融资资金的过程。主导上市是一个既累又漫长的过程，不过只要在累中把过程走好，外方投行就能帮助企业一轮又一轮地融资。

## 7.4 新三板“上市”之路

随着我国经济转型，中小企业的发展已成为我国经济发展的重要力量。但不可避免，中小企业在成长过程中融资无比艰难。为了让中小企业得到更好的发展，“新三板”挂牌上市为中小企业解决了融资难题。创业者想要在国内融资，可以走“新三板”上市路线，找到融资新途径。

### 7.4.1 什么是新三板

讲新三板之前，必须了解一下三板。三板又叫代办股份转让系统，指具有代办系统主办券商义务资格的证券公司采用电子交易方式，为非上市股份有限公司提供规范股份转让服务的股份转让平台。新三板指中关村科技园区非上市股份有限公司进入代办股份系统进行转让试点，因为挂牌企业均为高科技企业而不同于原转让系统内的退市企业及原 STAQ、NET 系统挂牌公司，故形象地称为“新三板”。“新三板”主要针对公司，这种代办股份转让系统的出现对企业、公司都有极大的好处。新三板与三板最大的不同是配对成交，现在设置 30%幅度，超过此幅度要公开买卖双方信息。

截至 2015 年 12 月 31 日，新三板市场发展迅速，服务中小微、支持双创的制度效应持续释放。据“全国股转系统”信息显示，自 2015 年以来，创业投资 3 000 个退出项目中有 46%通过新三板实现，天使投资退出项目有 45%通过新三板实现。仅 2015 年一年的时间，新三板市场股票发行融资金额已达到 1 216.17 亿元，比 2014 年提升了 9.85 倍，非金融企业共融资 822.71 亿元，占全市场融资总额的 68%。市场数据显示，融资资金主要流向企业经营和实体生产领域。

创业者挂牌新三板主要通过 PE 私募、定增、多次发行再融资制度融资。

### 7.4.2 新三板的前景

当前经济发展模式由过去的政府主导型向市场创新型改进，因而更需要资本市场配合创新出多种业务模式、风险偏好提供多层次的金融服务。新三板是经国务院批准设立的全国性证券交易所，在原有主板、中小板、创业板资本市场的基础上，为解决中小企业股权流动和融资交易提供平台和场所。截至 2015 年 12 月 23 日，我国已形成由主板、创业板、新三板和区域性股权市场构成的多层次资本市场体系。而新三板的出现，无论在挂牌数量，还是在市场成交量、融资规模和投资者数量方面，相比主板、创业板，均出现大幅增长，改变了我国资本市场的倒“金字塔”结构，多层次资本市场逐渐向中小微企业覆盖。

自 2012 年年底以来，我国面临着最大的经济下行压力。而我国传统实体行业，如工业、农业、房地产、钢铁、矿产等前景并不太乐观。为了走出经济困局，党和政府提出了“大众创业、万众创新”

的国策。不过，传统的 A 股市场是无法承担“万众创新”的中小微企业，于是这个重任就压在了新三板的市场上。也就是说，没有新三板市场的发展，“万众创新”就是一句空话。

截至 2015 年 12 月 31 日，新三板挂牌企业达到了 5129 家，2016 年 1 月 19 日，不到一个月的时间，已挂牌 5470 多家，新三板的池子对创业者来说是巨大的。未来在新三板的影响下，中国投资机构相对于天使、创投、PE 等分类会越来越模糊，未来的分类方法主要考虑是否能在新三板挂牌和 A 股上市。

创业者在新三板挂牌前和挂牌后可以通过定增拥有大量资金，这个资金不需要还，也没有预期，可以运用这些资金发起、控股、银行、保险、证券等。同样，也可以在新三板挂牌前后，通过定增摆脱对 LP（合伙人）的依赖。

有了新三板后，传统的私募股权机构也从原来的“打工”身份，变成了“老板”。之前，私募机构都是募集资金进行投资，企业 80% 利润分给投资人，部分给投资团队和募资团队，只有一小部分留在企业平台上。新三板的发展，使得自有资金大幅度提升，这部分资金全部留在公司层面，让私募不再为别的投资机构打工。有了私募股权机构强有力的利益支撑，对于中小微企业而言，融资上市更容易募集到资金。

### 7.4.3 新三板挂牌条件

新三板上市门槛低，融资成本低，为企业的股份提供有序的转让平台，有利于提高股份的流动性，完善企业的资本结构，提高企业的自身抗风险能力。不过，新三板在上市前，还需要有一个挂牌的过程，非上市企业申请股份在代办系统挂牌新三板，须满足如下图所示的条件。

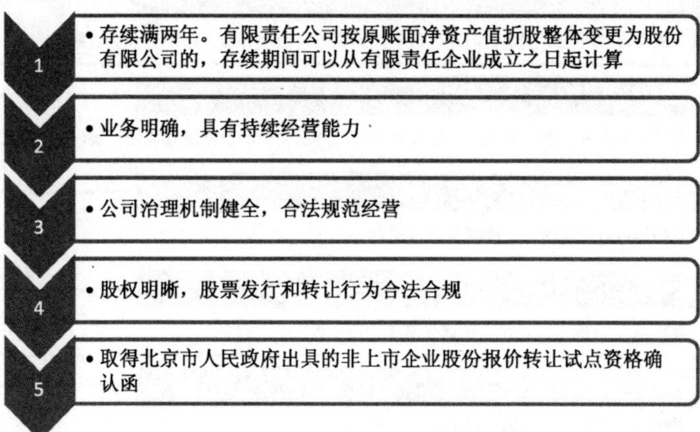


企业在新三板上市，须满足如下图所示的条件。

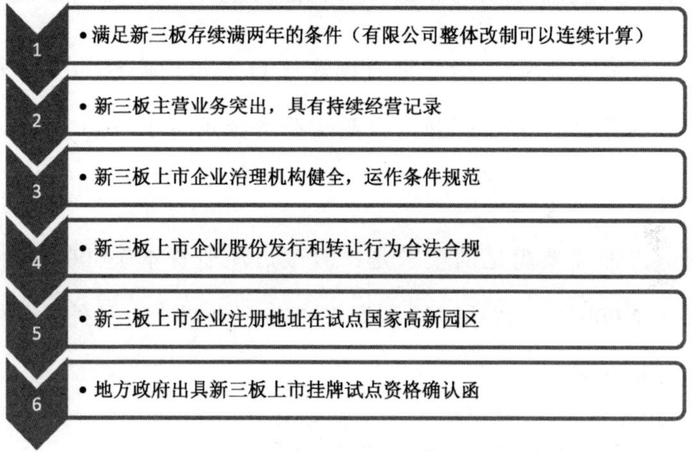


### 7.4.4 新三板上市的好处及重要条件

新三板上市除了能帮助企业融资，实现高增长外，还有如下图所示的好处。

资金扶持

•根据各区域园区及政府政策不一，企业可享受园区及政府补贴

便利融资

•新三板上市挂牌后可实施定向增发股份，提高公司信用等级，帮助企业更快融资

财富增值

•新三板上市企业及股东的股票可以在资本市场中以较高的价格进行流通，实现资产增值

股份转让

•股东股份可以合法转让，提高股权流通性

转板上市

•转板机制一旦确定，公司可以优先享受上市主板

公司发展

•有利于完善公司资本结构，促进公司规范发展

宣传效应

•有利于宣传新三板上市公司品牌，提高企业知名度

企业挂牌新三板，最好拥有国家级自主知识产权的专业发明项目，拥有国家高新企业证书。企业注册资金不少于 500 万元，财务状况良好。

财务方面需要满足的要求是：股改后注册资本 1 000 万元以上；年收入在 2 000 万元以上；净利润在 200 万元以上。另外，至少连续两年无亏损记录。

### 7.4.5 新三板挂牌与主板上市的区别

新三板挂牌是场外交易市场，主板上市是走向更大的资本交易市场。两者之间，新三板市场更适合中小微企业，主板上市更适合规模大、资金雄厚的大型企业。主板上市除了公司股本总额不少于 3 000 万元外，主线业务必须符合最低盈利的要求。比如，上市前三年合计盈利 5 000 万港元；上市时市值须达 1 亿港元，最低公众持股

量在 25%左右等。这些硬性条件对于中小微企业而言，实在难以达到要求，为此新三板挂牌更适合中小微企业。

在服务对象上，主板主要服务于大型企业，而新三板主要面向创新型、创业型、成长型中小微企业发展服务。这类企业规模小，尚未形成稳定的盈利模式，对财务门槛要求低。只要股权结构清晰、经营合法规范、公司治理健全、业务明确并履行信息披露义务的股份公司均可以经主办券商推荐申请在全国股份转让系统挂牌。

在投资者群体上，主板上市企业主要面向全国成年公民。而新三板市场的投资结构以中小投资者为主，未来发展方向将面向以机构投资者为主的市场。

在服务目的上，主板上市主要服务于大型企业，帮助大型企业实现融资，以股票交易为目的。而新三板则是中小微企业与产业资本的服务媒介，主要是为企业发展、资本投入与退出服务，而不是以交易为目的。

新三板对企业来说，最实际的是目前被纳入了政府政绩考核，各地区都指定了新三板政策补贴。因此，对于企业来讲，最重要的还是企业自身的发展。如果企业自身经营问题重重、业绩不佳，只想挂牌融资的话，那么挂牌上市必然会成为泡影，因为没有业绩支撑的企业，即使靠“编”数据能够上市，最终也会被打回原形，甚至付出惨重代价。面对经营不够良好的企业，在融资方面需要重视的是融资源，靠专业人士帮助企业渡过经营难关，最好再融资挂牌新三板。

### 7.4.6 新三板的规则与制度

新三板市场是多层次资本市场的基础和前台。主要作用是为创新型、成长型的中小企业提供有效的融资平台。并通过信息披露、自律监管等制度规范挂牌企业的运作，为上市主板、创业板做好前期准备。

新三板市场在中关村科技园区试点运行期间已建立了相关的规则与法律制度，如果挂牌前律师工作做得不够尽责，导致挂牌失败或挂牌后被监管部门出具警示函，就掉入了法律制度的误区。创业者想在新三板上市，须了解相关的规则与制度，具体如下表所示。

| 守法方面 | 规章制度 |
| --- | --- |
| 依法设立 | 依法设立，且存续满两年（依法设立指根据公司法等法律法规及规章的规定，向公司登记机关申请，并已取得企业法人营业执照；公司股东的出资合法合规，出资方式以及比例符合公司法的相关规定；股东出资是否存在法律尽职） |
| 业务明确 | 具有持续经营能力，能够明确具体经营的业务、产品或服务、用途及商业模式等信息（三板挂牌可以同时经营一种或多种业务，在业务明确过程中，要说清楚企业的产品或服务是什么，商业模式如何、业务收入怎样等。在介绍时明确一项产品或服务即可。不过，其他类业务在调查与申报时无法算入公司营业收入和利润中） |
| 持续经营能力 | 报告期内的生产经营状况，在可预见的未来，有能力按照既定目标持续经营 |
| 机制健全，合法合规 | 主要指股份公司改制设立完成以后机制健全、合法合规（公司须按照公司法及公司章程的规定完善公司治理架构，并且实际有效的运行；在合法合规经营方面，主要监管公司，控股股东与实际控制人，公司董事、监事、高级官员等不存在重大违法违规行为） |
| 同业竞争及关联交易 | 控股股东和实际控制人及其所控制的企业同业竞争。如在申报前已解决该问题，应做出相关的承诺和安排 |
| 核心团队 | 如果是两企业并购，并购后购方取得被并购企业控制权 51%以上的股权，须注意劳动关系处理（如被并购企业交割完成后人员离职，被并购的公司需要对这部分离职员工支付劳动补偿金） |
| 定增 | 证券公司客户资产管理业务投资于全国股转系统挂牌股票的，应在资产管理合同中约定相关股票投资比例的策略，并揭示风险。现有证券公司资产管理计划投资全国股转系统挂牌股票的，应按照合同约定的方式取得客户和资产托管机构同意，并依法变更合同相关条款，履行相关备案程序 |

## 7.5 新四板“上市”之路

继新三板后，国家推出了新四板，新四板正在成为资本市场追逐的焦点。与新三板不同的是，它更适合中小微企业，门槛更低，是可以批量转板“新三板”的全国展示板块。北京新四板将为企业提供更多、更高端的融资机会。

### 7.5.1 什么是新四板

为促进中小企业发展，解决“中小企业多、融资难；社会资金多、投资难”问题，2012 年，中央允许各地重新设立区域性股权市场，研究并推动在沪深交易所之外进行场外资本市场试验。区域性股权市场是由地方政府管理的、非公开发行证券的场所，是资本市场服务于小微企业的新的组织形式和业态，是多层次资本市场体系的组成部分。截至 2015 年，全国各省市自治区已陆续成立 35 家区域性股权交易中心，总计挂牌企业数量为 15 730 家。前海股权交易中心挂牌 4 460 家，广州股权交易中心 740 家，上海股权交易中心 3 451 家，浙江股权交易中心 1 482 家。其中，前海股权交易中心是中国最大的场外资本市场。

近年来，中小微企业融资难，底端的资本市场规模小，导致中小企业融资渠道十分有限，且阻碍重重。新四板的落地，为中小微企业提供了一个资本对接平台，让无法满足上市条件的中小微企业实现股权转让和直接融资。其实，新四板是在新三板的基础上推出的，但就交易主体的准入程度而言，新四板门槛更低。

新四板主要服务具有成长性的中小微企业，并以新四板为跳板，为创业板上市做准备。在新四板交易平台上，可以通过增发、配股等方式直接募集资金，并且通过向银行抵押股权的方式间接融资。这样既可以解决融资需求，也能把风险降低。另外，通过走向公开市场，也能让更多的投资者看到这些企业，提高企业的知名度和股权的流行性。

## 7.5.2 新四板的办理条件

新四板较新三板门槛放低不少，但也有相应的办理条件，只要企业存续期满一年，符合“3211”标准版条件，就可以在相关部门申请新四板挂牌。企业在新四板上市需达到的标准具体如下所示。

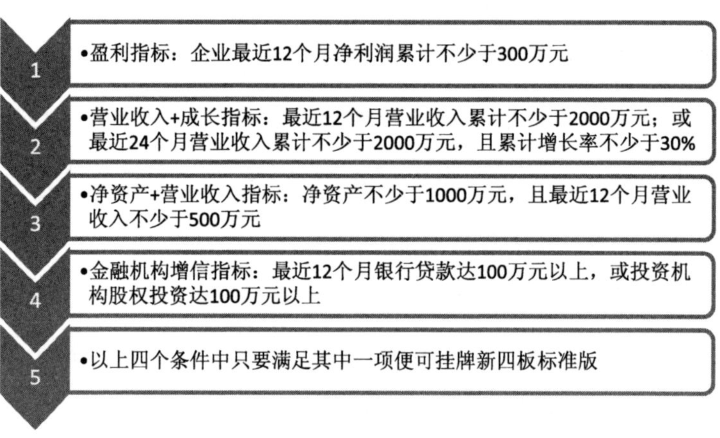


企业挂牌新四板后，除了财富增值外，还可以为专版 IPO 做准备。由于新四板挂牌门槛低，对于融资来讲较为容易，能吸引投资者投资企业。企业挂牌前，创业者缺钱通过借贷来解决，但挂牌后需要用钱时，只需售出一部分股权就可以了。为长远持续发展，企业新四板挂牌后，管理不规范等问题能得到处理和解决。在这个过程中，企业潜在的风险和瑕疵能够得到解决及治理结构也能得以建立。

### 7.5.3 新四板与新三板的区别

新四板与新三板的根本区别在于新四板门槛更低，它更适合于小微企业。如果新三板适合成长期的企业，那么新四板则非常适合初创期的企业。初创期的企业，普遍规模不大，组织结构简单，管理方式单一，人员素质相对不高，产品或服务品种单一。在市场中小微企业处于劣势。挂牌新四板，首要的目的是能帮助企业提高管理水平。只有企业规范起来，才能为后续做业绩，保持持续增长，为转板打下良好的基础。另外，在其他方面新四板与新三板还存在着如下表所示的区别。

| 区别 | 具体内容 |
| --- | --- |
| 挂牌成本不同 | 挂牌成本包括中介机构的费用和挂牌收取的相关费用。新三板挂牌成本在 120 万元左右（区域不同，股权市场收取的相关费用不同，大约成本在 70 万元左右），而挂牌新四板则需要 8 万元左右（前海股权交易中心新四板直通车服务，包括挂牌、融资辅导、融资对接等） |
| 融资功能不同 | 新三板融资主要为挂牌企业提供股权融资。新四板主要为企业提供挂牌、登记、托管、转让、展示服务及各类股权、债权、金融产品等服务 |
| 市场活跃度不同 | 挂牌新三板的企业为非上市公众公司，股东人数可以超过 200 人。新四板为非公众股份公司，股东人数在 2～200 人之间 |
| 股价形成机制不同 | 新三板挂牌的企业股票价格根据股票交易定价，而新四板挂牌的企业股价根据公司净资产确认股价 |

### 7.5.4 什么是新四板 Q 板

Q 板（Quotation，报价板），全称为中小企业股权报价系统。是指挂牌公司可以通过系统进行线上报价，但交易、融资均在线下完成。上海股交所 Q 板是一种适合中小微企业融资的方式，可为挂牌企业提供信息披露、股权融资、债权融资、收购兼并、挂牌指导等服务。挂牌后，企业股份则可在上海股交所自由转让流通。主要服务于起步期、初创期、成长期的企业，它对企业营业收入、净利润、现金流等财务指标没有严格要求，更侧重于投资者利益的保护，强调企业的规范运作情况、成长性及未来发展前景。

上海股交所对Q板挂牌未设行业限制，第一批101家挂牌企业所属行业包括农林牧渔、化工、建筑建材、有色金属、信息设备、纺织服装、医药生物、交通运输、金融服务、餐饮旅游、交运设备等。另外，上海股交所Q板在自愿、平等、有偿、诚信的原则下，构建和完善多层次资本市场的服务体系，让不同类型、不同规模、不同阶段的企业在上海股权托管交易市场得到相应的服务；满足投资者多元化的投资需求，提供多种退出政策。因此，股份公司、有限责任公司、股份公司、民营企业等不同类型、不同经济成本、不同发展阶段的企业均可在上海股交所Q板挂牌。

企业在上海股交所Q板挂牌后，允许挂牌公司发行债券，用二级市场交易市值作为质押物向银行融资，为企业拓展了多元的融资渠道。另外，挂牌Q板的企业，还可以将股权作为奖励赠予员工，帮助企业吸引人才。总之，Q板挂牌后企业在管理、运营、融资等方面都能有大幅度的提升，让创业者融资更为便捷，企业持续发展更为长远。

### 7.5.5 办理Q板需要的条件

Q板企业有披露企业财报的自主权，让企业先一步与资本市场对接，然后在一个具有公信力的平台上，借助股交中心的推荐机构，通过企业成长、股改等过程一步步，把企业打造成一个更规范、更公开的标准化企业形象。

Q 板作为综合金融服务平台的一部分，提供企业挂牌、定向增资、信息披露、出/受让信息发布和股权转让过户登记、专业指导、人员培训、企业展示、品牌宣传等多方位服务功能的新系统。Q 板挂牌一般要符合如下图所示的条件。

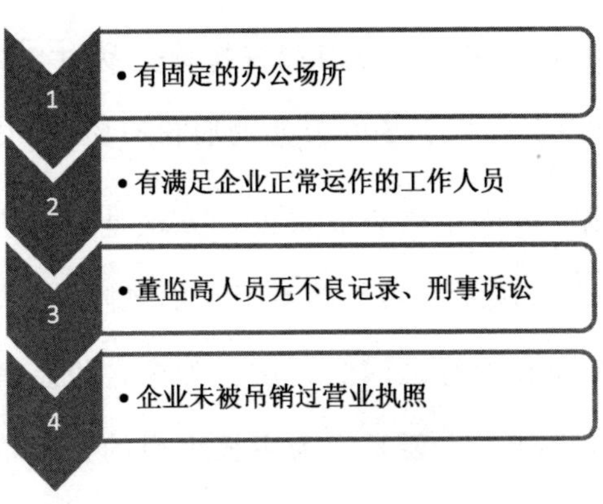


Q 板挂牌所需资料及挂牌时间如下表所示。

| 项目 | 说　　明 |
|---|---|
| 挂牌需要的资料 | 营业执照、组织机构代码证、税务登记证 |
| | 房屋租赁协议及房产证 |
| | 员工名册及董监高信息表 |
| | 法人及股东的身份证 |
| | 公司介绍 |
| | 验资报告及公司章程等 |
| | 自测资金实缴 20%，且不得低于 50 万元 |
| Q 板挂牌时间 | 资料整理、提交电子资料、等待审核期、递交纸质材料、红头文件流程、颁布股权代码阶段。提交资料后，2～3 个月之间 |

## 7.5.6　什么是新四板 E 板

E 板（Exchange，转让）是非上市股份有限公司股份转让系统的别称。主要在上海股权托管交易中心完成交易。与 Q 板不同的是，E

板门槛更高一些。

2012 年 2 月上海股交中心成立之初，E 板主要针对净资产 500 万元以上、可以做 IPO 股改的中小企业。但随着多层次股权市场建设任务的推进及公司法改革等政策因素的调整，结合中小微企业实际需求，2014 年 8 月 8 日，上海股权托管交易中心决定准予注册资本、实收资本或净资产低于 500 万元的股份有限公司进入 E 板挂牌。

对于刚刚成立的中小微企业来说，无论是银行贷款还是还款能力都较低，银行在贷款中常常伴随着很大的风险。因此，E 板推出后，解决了中小微企业和银行之间的矛盾。如今，投资者之所以愿意把目光从主板转到场外，主要是因为主板上市的企业价格已经偏离了实际价值，上涨空间有限。而场外市场挂牌企业，具有高增长、价格低的优势。比如，如果投资者投资的某家企业，最终转板到主板市场，那么价格将获得几十倍甚至上百倍的回报，这对于投资来说，E 板更具有莫大的投资价值。

为了解决中小微企业融资难的问题，政府扩大了资本市场的规模，努力构建和发展多层次结构的资本市场，对 E 板挂牌的企业扶持力度也十分巨大。比如，在上海挂牌的企业，各区政府对于 E 板挂牌都有不同的财政扶持，从 50 万元到 250 万元人民币不等。同时，政府对 E 板上市企业在税收上也有相应的优惠政策。

上海股交中心侧重关注投资者利益的保护，强调企业的规范运作情况、成长性及未来发展前景。主要考察企业所处的行业、财务状况、主要股东及管理层等方面来进行判断。因此，企业想要挂牌 E 板必须符合挂牌要求。比如，注册资金、实收资金和净资产均在 300 万元以上，年营业额 1 000 万元以上的企业，则更可以挂牌 E 板。

如果企业暂时达不到 E 板挂牌要求，可以优先考虑 Q 版，先解决资金、融资问题，等企业成长到符合 E 板要求后，再进行转板。

### 7.5.7 办理 E 板需要的条件

挂牌 E 板除了要有一定的注册资金，还要完成股改，对于所在行业也不能过于传统，公司要求成立满两年。虽然门槛高，但进行过股改、规范的企业才更能吸引投资人，股价容易得到支撑。有了股份的支撑，融资、银行授信、私募债会更加方便。除此之外，E 板挂牌还需要满足如下图所示的条件。

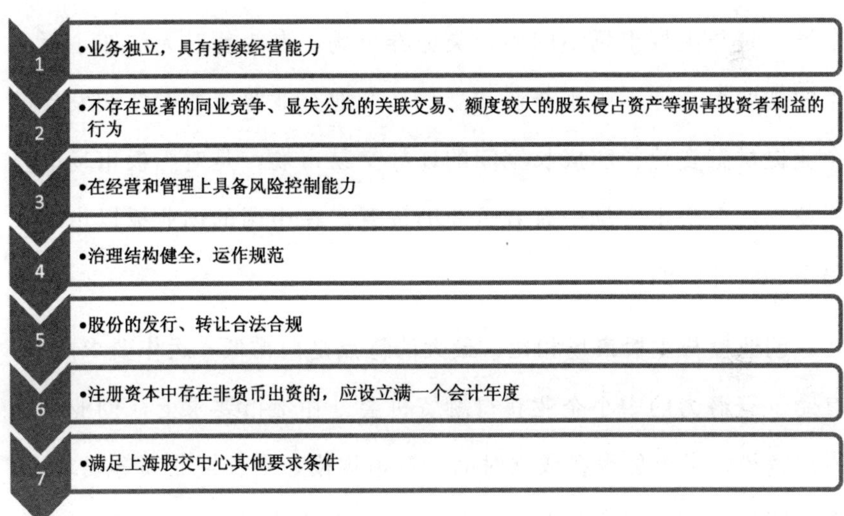


尽管 E 板要求更高，但从长远来看，E 板比 Q 板更容易融到资金。并且，E 板原始股的利润丰厚，企业准备 E 板挂牌后，它的原始股一般不再对外进行发售，只针对内部高管、核心员工等发售。另外对风投、私募或特定对象来融资。对于企业来讲，E 板只是一个跳板，是一个为后期上市创业板、主板做准备的平台。

## 7.6 创业板“上市”之路

有些企业处于成长期或成熟期，又从事新兴行业，尤其是高新技术产业。对于这类公司，创业板在促进高新技术产业的发展和进步方面做出了不少贡献。这类公司想要融资，创业板上市是最佳的融资渠道。

### 7.6.1 什么是创业板

创业板又称二板市场（Second-board Market），即第二股票交易市场，是与主板市场不同的一类证券市场，专为暂时无法在主板上市的创业型企业、中小企业和高科技产业企业等需要融资和发展的企业提供融资途径和成长空间的证券交易市场，是对主板市场的重要补充，在资本市场中有着重要的位置。在中国的创业板以市场代码是 300 开头的。

创业板与主板市场相比，最大的特点是门槛低，运作要求严格，有助于有潜力的中小企业获得融资机会。在上市要求上，创业板会更加宽松，主要体现在成立时间、资本规模、中长期业绩等要求上。在中国发展创业板市场是为了给中小企业提供更方便的融资渠道，为风险资本营造一个正常的退出机制。同时，这也是中国调整产业机构、推进经济改革的重要手段。自 2014 年 5 月以来，创业板准入条件做出了适度调整，取消了持续增长的要求，适应了创新型企业业绩波动的特点。但创业板现在的财务准入门槛仍然要求发行人已经盈利，导致不少经营状况不达标的新技术、新业态、新模式企业无法在创业板上市。尤其互联网、生物制药等国民经济重点领域内的创新企业无法进入创业板市场。不过，目前的问题已引起国家政府的关注。2015 年 6 月，国务院发布《关于大力推进大众创业万众创新若干政策措施的意见》文件，要求积极研究尚未盈利的互联网和高新技术企业到创业板发行上市制度，研究解决特殊股权结构类创业企业在境内上市的制度性障碍，完善资本市场规则。这一国策的推出，为互联网及高新技术企业在创业板上市迎来转机。

截至 2015 年 12 月 31 日，创业板总市值达到 55 916.25 亿元，较上一年增长 34 065.30 亿元，同比增长 155.90%。

### 7.6.2 创业板的挂牌条件

创业板为中小微企业提供了良好的融资渠道。相较于新三板、新四板，创业板的要求更多，也更为具体，非常适合经营完善、成长性好、为融资找渠道的企业。想在创业板上市，需要满足以下条件。

#### 1．发行人申请首次公开发行股票应当符合的条件

（1）发行人是依法设立且持续经营三年以上的股份有限公司。有限责任公司按原账面净资产值折股整体变更为股份有限公司的，持续经营时间可以从有限责任公司成立之日起计算。

（2）最近两年连续盈利，最近两年净利润累计不少于 1 000 万元，最近两年营业收入增长率均不低于 30%。净利润以扣除非经常性损益前后孰低者为计算依据。

（3）最近一期末净资产不少于 2 000 万元，且不存在未弥补亏损。

#### 2．发行人注册资本、经营业务

（1）发行人的注册资本已足额缴纳，发起人或股东用作出资的

资产的财产权转移手续已办理完毕，发行人的主要资产不存在重大权属纠纷。

（2）发行人应当主要经营一种业务，其生产经营活动符合法律、行政法规和公司章程的规定，符合国家产业政策及环境保护政策。

（3）发行人最近两年内主营业务和董事、高级管理人员均没有发生重大变化，实际控制人没有发生变更。

**3．发行人应当具有持续盈利能力，不存在以下情形**

（1）发行人的经营模式、生产或服务的品种结构已经或将发生重大变化，并对发行人的持续盈利能力构成重大不利影响。

（2）发行人的行业地位或发行人所处行业的经营环境已经或将发生重大变化，并对发行人的持续盈利能力构成重大不利影响。

（3）发行人在利用的商标、专利、专有技术、特许经营权等重要资产或技术的取得或使用方面存在重大不利变化的风险。

（4）发行人最近一年的营业收入或净利润对关联方或有重大不确定性的客户存在重大依赖。

（5）发行人最近一年的净利润主要来自合并财务报表范围以外的投资收益。其他可能对发行人持续盈利能力构成重大不利影响的情形。

**4．发行人纳税、股权、治理结构**

（1）发行人依法纳税，享受的各项税收优惠符合相关法律法规的规定。发行人的经营成果对税收优惠不存在严重依赖。

（2）发行人不存在重大偿债风险，不存在影响持续经营的担保、诉讼以及仲裁等重大或有事项。

（3）发行人的股权清晰，控股股东和受控股股东、实际控制人支配的股东所持发行人的股份不存在重大权属纠纷。

（4）发行人资产完整，业务及人员、财务、机构独立，具有完整的业务体系和直接面向市场独立经营的能力。与控股股东、实际控制人及其控制的其他企业间不存在同业竞争，以及严重影响公司独立性或显失公允的关联交易。

（5）发行人具有完善的公司治理结构，依法建立健全股东大会、董事会、监事会以及独立董事、董事会秘书、审计委员会制度，相关机构和人员能够依法履行职责。

（6）发行人会计基础工作规范，财务报表的编制符合企业会计准则和相关会计制度的规定，在所有重大方面公允地反映了发行人的财务状况、经营成果和现金流量，并由注册会计师出具无保留意见的审计报告。

（7）发行人内部控制制度健全且被有效执行，能够合理保证公司财务报告的可靠性、生产经营的合法性、营运的效率与效果，并由注册会计师出具无保留结论的内部控制鉴证报告。

（8）发行人具有严格的资金管理制度，不存在资金被控制股东、实际控制人及其控制的其他企业以借款、代偿债务、代垫款项或其他方式占用的情形。

（9）发行人的公司章程已明确对外担保的审批权限和审议程序，不存在为控股股东、实际控制人及其控制的其他企业进行违规担保的情形。

（10）发行人的董事、监事和高级管理人员了解股票发行上市相关法律法规，知悉上市公司及其董事、监事和高级管理人员的法定义务和责任。

**5. 发行人的董事、监事和高级管理人员应当忠实、勤勉，具备法律、行政法规和规章规定的资格，且不存在以下情形**

（1）被中国证监会采取证券市场禁入措施尚在禁入期的。

（2）最近三年内受到中国证监会行政处罚，或最近一年内受到证券交易所公开谴责的。

（3）因涉嫌犯罪被司法机关立案侦查或涉嫌违法违规被中国证监会立案调查，尚未有明确结论意见的。

（4）发行人及其控股股东、实际控制人最近三年内不存在损害投资者合法权益和社会公共利益的重大违法行为。

（5）发行人及其控股股东、实际控制人最近三年内不存在未经法定机关核准，擅自公开或变相公开发行证券，或有关违法行为虽然发生在三年前，但目前仍处于持续状态的情形。

（6）发行人募集资金应当用于主营业务，并有明确的用途。募集资金数额和投资项目应当与发行人现有生产经营规模、财务状况、技术水平和管理能力等相适应。发行人应当建立募集资金专项存储制度，募集资金应当存放于董事会决定的专项账户。

### 7.6.3 创业板与新三板的区别

创业板与新三板都是面向科技型创新企业的资本市场，但两者在制度体系和功能定位方面，还存在着诸多不同。企业挂牌上市到底该选哪一个板块，是需要慎重考虑的问题。创业者应根据企业的性质与规模选择板块，这样才能顺利融资。

### 1．创业板与新三板在制度体系方面的区别

创业板与新三析在制度体系方面的区别如下表所示。

| | 创业板 | 新三板 |
|---|---|---|
| 市场属性 | 场内交易 | 场外交易 |
| 挂牌与发行条件 | 股本、销售收入及净利润等方面均有量化硬性指标 | 除股份制企业存续满两年，取得试点资格外，无其他量化指标 |
| 挂牌与发行制度 | 保荐人推荐、证监会核准制 | 主办券商推荐、证券业协会备案制 |
| 信息披露制度 | 凡是对投资人的投资决策有重大影响的信息，均应当予以披露 | 挂牌后仅对半年报、年报及重大信息等要求进行公告 |
| 交易制度 | 集合竞价和连续竞价的系统撮合制度 | 协商议价的委托报价制度 |
| 投资者准入制度 | 无限制 | 机构投资人及限定自然人 |
| 股份限售制度 | 对原始股东、董事、监事及高管团队均有限定 | 与创业板相似。 |

### 2．创业板与新三板在功能定位方面的区别

从企业规模看，上市创业板的企业在细分行业里居于领先地位，是规模偏大、已进入成长期的企业。而新三板挂牌企业则是处于初创后期，有技术、有产品、有一定盈利模式的高新技术企业。这些企业虽然有一定的技术基础和市场基础，但还未形成规模式发展。

从行业分布角度看，创业板对打算上市的企业行业属性有相对的明确要求，重点在于“高”和“新”（高成长、高技术；新服务、新经济、新农业、新能源、新材料、新商业模式）企业。新三板行业定位是高新园区中处于初创期的企业。主要集中于信息技术、制造业、生物医药、新能源、新经济、新材料、新农业、节能环保、

文化传媒、咨询服务等。

从发行制度与挂牌的角度看，创业板主要是和主板及中小板一样，是公开的发行制度；新三板则是非公开发行股份的挂牌制度。

### 7.6.4 创业板上市流程

企业上市发行股票是一个庞大而系统的工程，不仅需要团队运作，还需要花费很长的时间，这不是创业者个人凭借自己的意愿就能完成的。如果企业要上市创业板，须按照规范的流程操作。

#### 1. 改制阶段

企业改制、发行上市须聘请专业机构协助完成。首先确定券商，在券商协助下尽早选定其他中介机构。股票改制设计的主要中介机构包括证券公司、会计师事务所、资产评估机构、土地评估机构，律师事务所等。

拟改制公司：成立改制小组，公司主要负责人全面统筹，小组由公司抽调办公室、财务及熟悉公司历史、生产经营情况的人员组成，包括协调企业与省、市各有关部门、行业主管部门、中国证监会派出机构以及各中介机构的关系，并全面督察工作进程；配合会计师及评估师进行会计报表审计、盈利预测编制及资产评估工作；与律师处理上市有关的法律事务及负责投资项目的立项报批工作等；完成各类董事会决议、公司文件、申请主管机关批文及新闻宣传等活动。

券商：制订股份公司改制方案，对股份公司设立的股本总额、股权结构、招股筹资、配售新股及制订发行方案进行操作指导和业务服务；起草、汇总、报送全套申报材料；组织承销团包 A 股，承担A股发行上市的组织工作。

会计师事务所：对各发起人的出资及实际到位情况进行检验，出具验资报告；负责协助公司进行有关账目调整，建立股份公司的财务会计制度、财务管理制度，使公司的财务符合规定；对公司前三年经营业绩进行审计，以及审核公司的盈利预测；对公司的内部控制制度进行检查，出具内部控制制度评价报告。

资产评估事务所：对各发起人投入的资产评估，出具资产评估报告。

土地评估机构：对纳入股份公司股本的土地使用权进行评估。

律师事务所：协助公司编写公司章程、发起人协议及重要合同；负责对股票发行及上市的各项文件进行审查；起草法律意见书、律师工作报告；为股票发行上市提供法律咨询服务。

确定方案：券商和其他中介机构向发行人提交审慎调查提纲，企业根据提纲的要求提供文件资料。通过审慎调查，全面了解企业各方面情况，确定改制方案。

分工协调会：中介机构经过审慎调查后，发行人与券商将召集所有中介机构参加分工协调会。协调会由券商主持，就发行上市的重大问题，如股份公司设立方案、资产重组方案、股本结构、账务审计、资产评估、土地评估、盈利预测等事项进行讨论。

各中介机构开展工作：协调会确定工作进程后，确定各中介机构的工作时间表，各中介机构按照时间表开展工作。主要包括对初步方案进行进一步分析，以及有关财务审计、资产评估及各种法律文件的起草工作。

取得方案确认：取得国有资产管理部门对资产评估结果确认及资产折股方案的确认，土地管理部门对土地评估结果确认。

准备文件：企业筹建工作完成后，向市体改办提出正式申请设立股份有限公司。申请文件包括：公司设立申请书、主管部门同意公司设立意见书、企业名称预核准通知书、发起人协议书、公司章程、公司改制可行性研究报告、资金运作可行性研究报告、资产评估报告、资产评估确认书、土地使用权评估报告书、国有土地使用权评估确认书、发起人货币出资验资证明、固定资产立项批准书、三年财务审计及未来一年业绩预测报告。市体改办初核后出具意见转报省体改办审批。

召开创立大会，选出董事会和监事会：获得省政府同意股份公司成立批文后，公司组织召开创立大会，选举产生董事会和监事会。

工商行政管理机关批准股份公司成立，颁发营业执照：创立大会召开后30天内，公司组织向省工商行政管理局报送省政府或中央主管部门批准设立股份公司的文件、公司章程、验资证明等文件，申请设立登记。工商局在30日内作出决定，获得营业执照。

### 2. 辅导阶段

取得营业执照后，股份公司依法成立，按照中国证监会有关规定，批准公开发行股票的股份有限公司在向中国证监会提出股票发行申请前，均须由具有主承销资格的证券公司进行辅导，辅导期限一年。辅导内容包括：股份有限公司设立及其资历演变的合法性、有效性；股份有限公司人事、财务、资产及供、产、销系统的独立完整性；对公司董事、监事、高级管理人员及持有5%及以上股份的股东（或其法人代表）进行《公司法》《证券法》等有关法律法规培训；建立健全股东大会、董事会、监事会等组织机构，并实现规范动作；依照股份公司会计制度建立健全公司财务会计制度；建立健全公司决策制度和内部控制制度，实现有效运作；建立健全符合上市公司要求的信息披露制度；规范股份公司和控制股东及其他关联方的关系；公司董事、监事、高级管理人员和持有5%及以上股份的股东持股变动情况是否合规。

辅导工作开始前10个工作日内，辅导机构应当向派出机构提交以下材料：

（1）辅导机构及辅导人员的资格证明文件（复印件）、辅导协议、辅导计划、拟发行公司基本情况资料表、最近两年经审计的财务报告（资产负债表、损益表、现金流量表等）。

（2）辅导协议应明确双方的责任和义务。辅导费用由辅导双方本着公开、合理的原则协商确定，并在辅导协议中列明，辅导双方均不得以保证公司股票发行上市为条件。辅导计划应包括辅导的目的、内容、方式、步骤、要求等内容。

（3）辅导有效期为3年。即本次辅导期满3年内，拟发行公司可以向承销机构提出股票发行上市申请；超过3年，则须按本办法规定的程序和要求重新聘请辅导机构进行辅导。

**3．申报材料制作及申报阶段**

申报材料制作：股份公司成立运行1年后，经中国证监会地方派出机构验收符合条件的，可以制作正式申报材料。

申报材料由主承销商与各中介机构分工制作，然后由主承销商汇总并出具推荐函，最后由主承销商完成内核后并将申报材料报送中国证监会审核。

会计师事务所的审计报告、评估机构的资产评估报告、律师出具的法律意见书将为招股说明书有关内容提供法律及专业依据。

申报材料上报：中国证监会在收到申请文件后 5 个工作日内作出是否受理的决定。未按规定要求制作申请文件的，不予受理。同意受理的，根据国家有关规定收取审核费 3 万元。中国证监会受理申请文件后，对发行人申请文件的合规性进行初审，在 30 日内将初审意见函告发行人及其主承销商。主承销商自收到初审意见之日 10 日内将补充完善的申请文件报至中国证监会。中国证监会在初审过程中，将就发行人投资项目是否符合国家产业政策征求国家发展计划委员会和国家经济贸易委员会意见，“两委”自收到文件后在 15 个工作日内将有关意见函告中国证监会。

发行审核委员会审核：中国证监会对按初审意见补充完善的申请文件进一步审核，并在受理申请文件后 60 日内，将初审报告和申请文件提交发行审核委员会审核。

核准发行：根据发行审核委员会的审核意见，中国证监会对发行人的发行申请作出核准或不予核准的决定。予以核准的，出具核准公开发行的文件。不予核准的出具书面意见，说明不予核准理由。中国证监会自受理申请文件到作出决定的期限为 3 个月。

发行申请未被核准的企业，接到中国证监会书面决定之日起 60 日内，可提出复议申请。中国证监会收到复议申请后 60 日内，对复议申请作出决定。

### 4. 股票发行及上市阶段

（1）股票发行申请经发行审核委员会核准后，取得中国证监会同意发行的批文。

（2）刊登招股说明书，通过媒体做巡回进行路演，按照发行方案发行股票。

（3）刊登上市公告书，在交易所安排下完成挂牌上市交易。

第八章

08

CHAPTER

# 融资成功——开启你的创业之旅

每天有新闻宣布某企业“战略合作”，但许多企业都缺乏“合作战略”。他们把达成合作、签署协议看成“战略合作”，而不是把合作当作实现更大目标的重要手段。对于企业而言，仅完成资金与资产的合并是远远不够的，还需要双方在业务、制度、战略、文化和管理上进行整合，最终实现融合。企业融资成功后，就达成了“战略合作”，但是否能实现融合呢？对于企业而言，融资完成后的问题，一点也没有减少。

## 8.1 融资后的新合同

创业者认为，融资成功后，就意味着自己的事业马上就要成功了。为此开始安于现状、大幅加薪、招募大批职业经理人等。其实，在投资人没有完全退出之前，一切都要按照合同办事。除此之外，还有后续融资、经营、运作、承诺实现回报等问题。可见，融资成功只是刚刚开始，履行合同以及签署新的合同是融资后的第一件事。

### 8.1.1 合同应该包括的内容

企业一次融资后，中间很难说再不进行第二轮融资。只要再融资，就要与原投资人再次拟定新合同。无论创业者、管理团队，还是 A 轮的投资人，都应该这后期的融资计划做好准备。一般企业 B 轮融资或多轮融资主要完成的任务如下。

（1）企业发生资金短缺时，如何以最小的代价筹措到适当额度的资金？

（2）企业为后期上市做准备，如何为后期扩大企业规模而融资？

（3）通过合理流动与运用，充分发挥资金效益，扩大企业经营规模，促进企业经济发展。

满足企业再融资决策主要包括以下内容，企业再根据这些内容拟定后续相关合同，如下表所示。

| | |
|---|---|
| 企业再融资后续要考虑的内容 | 根据 B 轮融资规模重新规划股东、股份、财务等决策内容 |
| | 根据 B 轮融资需求，为 B 轮计划重新制定运作模式、渠道规划、企业发展等决策 |
| | 根据 B 轮融资需求，重新制定新的资本结构和融资方案决策 |
| | 签署违约责任，详细明确各方履行的事项 |

企业再融资要根据 B 轮的需求，制定能打动投资人的计划。比如，企业 B 轮寻找的融资对象是银行，那么与拿到政府的支持所需的资料与制订的计划完全不同；企业准备上市，寻找私募制订的计划与寻找保险公司融资的计划也会不同。为此，企业必须在每一轮融资时，根据投资人的需求，侧重也应不同。

完成 A 轮融资后，意味着投融两家“有福同享、有难同当”。但在真实的实践中，投资人要管理几十家小企业，很可能对企业的“特殊”需求管理较少。但创业者不应该放弃机会，应借助他们的资源帮助企业完成 B 轮融资。并在 B 轮融资时，与 A 轮企业签署好股权协议。

### 8.1.2 合同中应该注意的关键事项

企业进行再融资，也面临着诸多问题。比如，以何种方式筹集资金？如何与投资人合作募集到 B 轮资金？投资人在 B 轮融资时要稀释企业股份怎么办？这些都是企业在 B 轮融资时需要注意的问题。

提到签署合同，根据行业、地域、股东背景等方面的差异，可能涉及的问题也千差万别。即使进行 B 轮融资，A 轮投资人依然起着关键的作用。如果平衡不好其中的利益关系，很可能使企业陷入困境。为此，企业在签署新协议时必须注意以下一些问题。

### 1. 尽量避免签署对赌协议

融资的目的是为了发展，但融资所带来的对赌则像一把枷锁，让企业最终走向困境。但如今对赌协议在投资界大行其道，创业者从最初的抗拒，到最后不得不接受市场上已经形成的对赌协议作为必备条款，签署下这一约定俗成的事项。因此，创业者在后期一旦与投资方合作破裂，将使企业陷入困境。比如，俏江南在2008年为了实现门店扩张计划，与知名投资方鼎晖投资签署了对赌协议。当时俏江南被估值约20亿元，鼎晖以2亿元的价格换取了俏江南10%的股权。如果俏江南不能在2012年实现上市，张兰则需要花高价从鼎晖投资手中回购股份。经过一轮又一轮融资，最终俏江南未能实现上市，鼎晖投资要求张兰按对赌协议高价回购股份，双方发生激烈矛盾冲突，使俏江南陷入困境。

无论在A轮融资，还是在B轮融资，投融双方应在合理范围内签署对赌要求，但如果对赌协议演变成投资方的“旱涝保收”，甚至高息贷款，则违背了投资风险自担的基本市场规律，创业者对这种对赌要求理应拒绝。

### 2. 借A轮投资人的资源，防止股权被稀释

一般而言，投资人往往会对管理层无法控制企业股权结构的公司直接说NO。因为股权结构不合理，相当于为企业的后续发展埋下一颗定时炸弹。创业者在A轮融资时，很可能就已经签署了“不平等条约”，导致后期融资时，A轮投资人会稀释企业的股权。真格基金王强说：“任何一次股权稀释，都是在透支未来。”换句话说，任何一次融资，股权都在被稀释，像阿里巴巴、京东等都出现过创始

人管理失控的危机，但最终都成功扳回了局面。比如，阿里上市后马云所占股权只有 7.8%，马化腾所占腾讯股份不到 10%，刘强东随着融资的次数（融资 9 次之多）越多，股份也越来越少。即使手中只持有不到 10%的股份，但公司的掌控权依然在这些创始人手中。

股权是对企业的终极控制权力，企业最大的决定通常是由股东决定的。为此，创业者一开始就不应该把股权转让出去。天使投资人徐小平说："如果（创业者）一开始就把主权让出去，60%给出去，再伟大的企业也做不下去；我（创业者）只要把事情做起来，这个股份多少不重要，这是错误的，凡是不以股份为目的的创业都是要流氓。"所以，创业者在后续的每一轮融资时，要算准手里的股权，以防被稀释而导致无法控制的局面。

**3. 熟悉法律条款，以防出现违法行为**

2014 年修订的《公司法》最大的亮点是充分尊重股东自治。其中最具亮点的一句话就是："公司章程另有规定除外。"这句话看似轻描淡写，但其隐含的放权、授权却具有重要的实务价值。《公司法》规定应分别由股东会、董事会行使的各自职能是不可更改的，而其他的则是在此基础上自行设计、安排。为此，合同不应该是"模板化"的标准版本，而应该是基于实际列出的个性化条款。为此，创业者应根据法律条款，选择适合自己的模式和方式。不仅要履行自己的义务，还要防止投资人"玩花样"。

创业者应熟悉《公司法》《合同法》和《破产法》等法律条款，并将条款的内容放之于实践中，围绕其中可能出现的问题，进行法律意义上的解读。

## 8.2 “新公司”和新的管理制度

融资成功后，企业在管理上将与投资人的想法相融合，共同制定新的管理制度。企业管理不再是创业者个人说了算，而是应与其他股东进行商议。与其他管理不一样的是，团队和员工的新制度改制，改得好将调动员工和团队的积极性；改得不好则会使员工和团队消极怠工。除此之外，加上新的领导或员工进入企业，原来的结构必然发生大的变动。为此，创业者必须做好新的管理制度。

### 8.2.1 重新组建经营团队

企业融资成功后，一般会对企业进行扩张。不仅在业务、人力资源上，还会在战略、运营方面进行扩张。这时，企业不得不招聘更加专业的人才进入企业内部，帮助企业实现目标。就组建团队来讲，不仅高管团队的组建至关重要，员工的小团队组建也非常重要。作为企业的创始人，创业者在股东中居于主导地位，在组建团队事宜上，最好采取以下方法。

#### 1. 整顿企业

企业经历融资后，会对管理层进行“大换血”，完全换成新股东委派的职业经理。职业经理的介入，会裁掉其认为不合格的员工，聘请新员工。这样做的问题在于，原有的团队离职后很可能去了竞争对手的公司，导致内部信息泄露，成为企业的威胁；或创办公司，成为企业的竞争对手。

其实，首任职业经理人不过是过渡性的安排，任期大约有 3～5 个月。他的任务不是为企业盈利，而是平稳过渡，帮助企业整顿内部存在的问题。所以，创业者的沟通能力非常重要。对于原来团队或企业高管的变动，创业者应予以安抚，并激起他们新的斗志。比如，能力提升到什么层次，承诺给予什么样的职位；取得什么样的专业资格证，将获得什么样的职位等。

### 2. 创业管理我最牛，客随主便

如果创业者把企业经营得非常好，且投资人相信创业者的管理能力，这时，他们不会派职业经理人，而是派驻一位财务总监等高管人员，主要监督企业的财务、企业运作、经营是否达标等。这时，企业团队由创业者说了算。企业扩张，必须不断延揽人才，原来的结构必须打破，不过，由于还是创业者直接管理，并不会给员工一种“改朝换代”的感觉。创业者可以利用这个优势，向员工介绍企业未来的发展，在企业工作有什么样的好处，元老级员工是否能得到期权等奖励。企业拿到资金，扩大规模并对员工做出承诺，虽然改变了原来的结构，但能让员工感受到企业的发展关系到自身的发展，由此他们就会愿意帮助企业实现目标。

### 3. 优势互补，各司其职

企业与投资人的资源，优势互补、各有所长，这样的模式适合“混搭”，你借助我的优势、技术赚钱，我借助你的资金实现企业发展。比如，2014 年 6 月 5 日，阿里巴巴与恒大足球达成协议后，马云表态：今后将遵循足球产业运作的规律，不会干涉球队运作。并据此做出两点承诺：永远不进球员的更衣室，即不干预球队的日常经营；永远不接球员的电话，即不会越级指挥。

除了各方发挥各自的优势外，创业者也要为别人创造价值，做到能够很好地指导企业发展，并让投资人赚钱，这样才能让投资人真正信服。想要做得比投资人好，首先要提升自己，站得更高，才能看得更远。

除了懂得管理企业外，创业者还应懂财务、法律、战略、沟通等。只有高标准要求自己，才能使企业规范、规模化发展。

## 8.2.2 裁掉不合适的员工

融资成功后，如果创业者与投资人是客随主便、优势互补型，企业内部管理由创业者说了算。如果企业原来发展不好，需要投资人派驻职业经理人，则面临企业整顿问题。其中，少不了裁员这一项。裁员既要不伤人，又要不伤企，就不能单纯搞制度、法规、流程，还要关注每个个体的感受。所以，裁员也需要讲究技巧，以使企业的战略顺畅、不造成恶性竞争、不给企业抹黑为目标，最大限度地减少“后遗症”。

### 1. 根据实际情况，让被裁员工感受到自己技不如人

企业从融资到融资成功，需要一个缓慢的过程。在这个过程中，创业者应该有所准备，让能力不足的员工感受到应有的压力。比如，融资成功到投资人管理企业还有一段时间，这段时间创业者应该建立相应的淘汰制小组、监督小组、执行小组等，倾听员工心声，安抚并解决有问题、日后或许会给企业带来威胁的员工。另外，企业应召开宣贯会，大范围、公开透时地进行宣传，传递企业战略、明确公司导向，使员工知晓裁员流程及反映问题的通道。总之，企业裁员，要显露出积极的态度，让员工客观理解裁员。

### 2. 摸清员工情况，关注需求重点

裁员是企业重大决策，在做出最终决定前一定要对裁员对象进行摸底、评估。这样才能第一时间发现可能存在的个体问题，以及

了解员工的诉求。了解了裁员对象的想法和诉求后，企业应制定相应的裁员疏导方案，并对个别问题作技巧性沟通，以化解个别问题。

在裁员时，企业一般会裁掉三类员工，如下表所示。

| 类型 | 具体情况 |
| --- | --- |
| 有能力但没激情 | 这类员工非常有能力，但在企业工作时间久了，产生了一种懈怠感。即使企业逼迫他做事，也没有任何突破。这类员工态度明确，能接受被裁事实，但更关注结果。处理的方式是：先做好沟通，只要把结果做好（比如，做相应补偿），就能有效防范和控制风险 |
| 有贡献，但目前状态不好 | 这类员工在团队中属于年纪较大的、正准备备胎生孩子的以及已有孩子的女性。她们曾经为企业创下不菲业绩、做过较大贡献。但因实际情况，导致不能全身心投入企业。这类员工固执、家庭责任大，如果被裁掉肯定会给企业带来巨大风险。处理方式是：因给企业做过较大贡献，应给转变的机会。如果必被裁掉，必须做好后续的安置和安抚工作，让她感受到企业的“人情味”，并体会到企业的难处 |
| 专业素质差，心理承受能力弱 | 企业最初发展时，雇用的员工在专业上存在参差不齐的状况。企业融资呈规模化、专业化发展后，必然淘汰掉专业、技术差的员工。这类员工习惯抱怨、沟通能力差、不自信，对工作没有快乐可言。处理的方式是：企业发展，要提升专业素质、专业能力、专业素养，他们无法符合企业的新规定，理应被淘汰。只要合规合法，他们一般不会对企业构成风险 |

对于企业而言，员工每年保持10%～20%的流动率并非坏事。特别是在大股东易主的情况下。如果企业对老员工抱着“养”的态度，那么企业已经丧失了应有的工作热情，伴随着工作效率的低下，企业的经营业绩必然下滑。为此，创业者理应用积极的态度面对裁员，从容面对“面子”“裙带关系”问题。

### 8.2.3 用期权激励员工

企业换了老板和领导，员工从心理上还难以适应。一般留下来的员工也会有各种担心。比如，企业今年的发展如何，薪酬与奖金发生了怎样的变化，职位会不会有调动，在新整合的企业里，能否有一个好的发展等。对于留下来的员工如何有效地调动他们的积极性，提高工作绩效才是重中之重。而期权，是除了奖金激励、财产激励之外的一种奖励方式。

期权是一种权利，让持有者拥有在规定时间内、按照约定的价格购买企业约定数额股份的权利。对于重要员工来说，他们不少人有过在大型企业、成熟的外企、国企工作的经历。之所以愿意在小企业发展，最重要的就是希望在企业的发展中拿到“期权”。期权有着怎样的吸引力，以至能留住优秀人才呢？

### 1．期权存在无限可能

企业经过 A 轮融资后，逐渐正规化、规模化。在进行 B 轮、C 轮等多轮融资时，最终必然要走向资本市场。这时，手中的期权就起到了极大的作用。比如，某家企业的股份总数为 1 000 万股，员工可以认购 1%的股份期权（10 万股），行权价格是 1 分钱。5 年后企业上市，每股价格为 20 元，那这些期权价值则为 200 万元（行权的成本可以忽略不计）。

这也是多数成长期企业，为什么能聘请优秀人才的原因。他们的薪资可能没有预期的高，但拿到企业的期权后，变相成为企业的“股东”，只要企业上市，自己就会成为“富豪”。像阿里巴巴上市后，公司诞生数千名富翁，人均财富在 150 万美元左右。富翁诞生的重要原因是，阿里巴巴一直施行期权、股权激励。

### 2．开发员工潜能

当期权的好处落到员工身上，企业不再仅是创业者的，同时还是“员工”的。企业的业绩、能否上市关系着自己的财富值。为此，员工会为了企业的发展而努力，主动提高自身素质与专业能力，尽力为企业做事。

### 3. 造就良性竞争环境

科学的激励包含着一种竞争精神，它的运行能够创造一种良性竞争环境，进而形成良性的竞争机制。在企业内部，某些得不到期权好处的员工，会因组织的改变，努力让自己够格拿到期权。这种压力受到环境的影响，将变成员工努力工作的动力。期权间接地激励了员工努力工作。

## 8.2.4 期权激励操作步骤

期权在企业内部施行后，有着诸多好处，是留住员工的一大法宝。只要能让员工看到企业的未来，相信自己工作能得到肯定与发展，就能解决员工问题。那么，怎样用期权激励员工呢？

### 1. 应该给员工多少期权

多数企业在未融资之前，没有设置期权。融资之后，投资人通常会要求企业设置一个占公司股权比例 15%～25%的期权池。这些期权的分配主要按照一定的数额进行。不过，B 轮融资、开始盈利或以其他方式降低风险时，期权比例也会逐渐下降。企业 A 轮融资完成，期权分配如下表所示。

| 职位 | 范围（%） |
| --- | --- |
| CEO | 5~10 |
| COO | 2~5 |
| VP | 1~2 |

续表

| 职位 | 范围（%） |
|---|---|
| 独立董事 | 1 |
| 总监 | 0.4～1.25 |
| 总工 | 0.5～1 |
| 资深工程师（超过 5 年） | 0.33～0.66 |
| 经理或初级工程师 | 0.2～0.33 |

### 2. 行权价格定多少

A 轮融资结束，投资人以 1 元的价格投资的，期权的行权价格通常是 1 元。这不仅能维护投资人的利益，也能维护创业者的利益。如果期权价格低于 1 元，即使后期上市期权会被卖掉，但依然会涉及投资人的利益。所以，创业者最好给投资人和员工一样价格。

一般情况下，期权价格越低，对员工的吸引力越大。创业初期，有些企业将行权价格以近乎零的价格卖给员工。但随着企业的发展，投资人进入后，行权的价格就要参考投资人投资的价格了。企业上市后，行权价格则是期权授予当天的股票价格。

### 3. 期权兑现期

期权不仅对员工起着激励的作用，还能留住员工。因为，企业授予员工的期权不是一次性兑现的，而是根据约定需要 3～5 年逐步兑现。如果是 3 年的兑现期，员工只干了 1 年就离职，则只能拿走 1/3 期权。即使拿到 1/3 的期权，也未必能拿到企业的股份。因为在期权协议中一般会约定，辞职的员工在离职后约多长时间内（如 90 天）需要行使期权，否则过期作废。这样，想要离职的员工离开公司，即使想拿走企业的股份，也要掏一笔钱才能将期权换成股份。

期权是一个好的能留住员工的工具，同时也是最佳的融资工具。当企业准备上市时，企业可以通过期权向内部员工融资，帮助企业渡过另外一个难关。

### 8.2.5 给经营者股权激励

经营者股票期权制与经营者股权激励常常被人们混为一谈。在市场经济条件下，经营者股权激励的主要形式有经营者持股、期股和股票期权等。

#### 1. 经营者持股的好处

经营者持股的有利之处在于经营者自己掏钱买股票，个人利益与企业经营得好坏紧紧地联系在一起，有利于调动经营者的积极性，促进企业发展。由于经营者自掏腰包购买股票，他可以享受各种权利，如分红、表决、交易、转让、变现、继承等。只要企业不存在倒闭的风险，经营者的股票在短期内可兑现。

#### 2. 经营者持期股的好处

期股是指企业出资者同经营者协商确定股票价格，在任期内由经营者以各种方式（个人出资、贷款、奖励部分转化等）获取适当比例的本企业股份。在兑现前，期股只有分红等部分权利，股票收益是在中长期兑现的一种激励方式。

经营者的股票增值与企业资产的增值和效益有效联系在一起，这促使经营者将更多的精力投入到企业中，更多地关注企业长远发展和长期利益，从而在一定程度上解决了经营者的短期行为。目前，多数企业在经营时，会使用“年薪制+期股”的激励模式，是一种长期有效的激励措施。这种模式在一定程度上还克服了由于一次性重奖而使经营者与员工收入差距过大所带来的矛盾。

期股与期权虽然各有好处，但两者之间还存在很大的区别，如下表所示。

| 期股 | 期权 |
|---|---|
| 期股是当期（签约时或任期开始）的购买行为 | 股票权益在未来兑现；期权则是将来的购买行为，购买时也是权益兑现时 |
| 期股既可以出资购买，也可以通过奖励、赠予等方式获得 | 期权在行权时必须要出资购买才能得到 |
| 经营者被授予期股后，个人已支付了一定数量的资金，该股票在到期前不能转让和变现，因为期股既有激励作用，也有约束作用 | 经营者被授予期权后只是获得一种权利，并未有任何资金支付，如果行权时股价下跌，经营者放弃行权即可，个人利益并未受损，因此，期权只是重在激励，缺乏约束作用 |

## 8.3　投资人的管理制度

中国证券市场发展时间较短，规模发展突飞猛进，新兴市场因为不成熟导致问题重重。大股东稀释小股东股权、财富，不公正的分配、内幕交易、虚假陈述等现象在融资时屡见不鲜。为了保证创业者的权益，融资成功后，必须学会与投资人相处。

### 8.3.1　处理与投资人之间的关系

企业与投资人的关系或投资人关系管理的工作，根据中国证监会的定义，是指公司通过信息披露与交流，加强与投资者及潜在投资者之间的沟通，增进投资者对公司的了解和认同，提升公司治理水平，以实现公司整体利益最大化和保护投资者合法权益的目的。

与投资人沟通，不仅意味着要“说”，还要“听”，并将两者之间的看法传达给企业管理层。不仅如此，当企业CEO、股东不再只是创业者时，管理层有问题很可能会找投资人探讨，并由投资人将信息转述给创业者及CEO。

创业者觉得有必要控制内部管理层与投资人接触，希望所有人只向他一人汇报工作。这种闭塞的沟通环境通常对创业者非常不利，尤其是企业经营出现问题时。如果这时某个管理层向投资人汇报了对企业不利的工作，后果可想而知。为此，创业者必须找到解决问题的办法。

作为创业者和CEO，应该为投资人和管理团队建立起一种透明、开放的沟通环境。鼓励员工相互环境，把问题在透明、开放的情况下提出来。在时机合适时，与投资人一起解决企业问题。从信任和开放开始，进一步培养环境的效果。

想要达到透明、开放的沟通效果，一般需做到以下内容，如下表所示。

| 沟通形式 | 具体内容 |
|---|---|
| 书面汇报 | 每周一次或每月一次 |
| 业务总结 | 根据投资人的频率制定；在内容上，对业务情况进行深度分析，包括行业趋势、战略构想、对比分析等 |
| 信息及时分享 | 好消息第一时间告诉资历最浅的投资人，获得他们的信任，重大问题第一时间告诉资历最深的投资人；如果与资深投资人有常规会议，确保在会议开始之前进行电话确认，并提供详细、完整的会议流程 |
| 有问题找投资人 | 遇到需要帮助的事情时，第一时间告诉投资人；并寻求投资人的帮助 |

### 8.3.2　投资人发生变故会带来怎样的后果

硅谷顶尖风险投资家费德·威尔森认为，对于任何新的投资，

VC都有超越信任的情感因素。这种信任因素主要存在于主导投资人的VC合伙人那里，他对VC公司的其他合伙人说："我相信这家公司，这些是我所做的工作，这些是我的想法，然后这就是我要把LP出资人的钱投资给这个创始人并承担风险的原因。如果投资后公司情况变得糟糕，那就由我来负责怎么挽救这项投资。"项目的主导合伙人会比VC内部其他合伙人更了解被投资的公司。但不管什么原因，信任的投资人都有可能因各种理由离开。比如，被调离原职位、离职、跳槽或帮助企业渡过难关后离开等。

后来进入企业的投资人可能没有原来的投资人更加信任创业者。通常创业者会接到投资机构的电话，告诉创业者有一位新的合伙人将接手原来合伙人的工作。创业者要做的是，尽快与新的投资人联系，给他留下一个好印象，让他像原来的投资人那样信任你。

新的投资人上任后，创业者未来10个月会比较难过。因为企业需要继续融资，而原来的投资人离开了，新的项目、融资计划，新任投资人可能不予支持，或有自己的想法。对创业者来说，最坏的消息莫过于新投资人不信任企业、不追加投资，这会让企业陷入两难的境地。比如，2012年5月月底，雷士照明原创始人吴长江辞任董事长等职务，非执行董事、赛富亚洲基金创始合伙人阎焱接任。虽然双方都是以做大企业、获取更多利润为最终目标，但作为投资者的阎焱更关注退出与回报，投资的案例性是第一要素。吴长江的"冒进"危及了阎焱的安全感，而阎焱的反向自卫又伤害了创业者的自信心。一场原合伙人的辞职，让一家企业陷入了困局。

新投资人上任后，最好建立一个好的财务模式，以方便让投资人知道什么时候要融资；如果投资人对财务支持有所担心，在他上任期内可以降低企业开支，让企业用最少的钱办最多的事。另外，风险投资人喜欢的企业是极具发展潜力的新兴企业，这些企业有新思想、新技术、新产品和新市场的集合，其价值不能只靠简单的财务核算来确定。如果创业者的企业也是这样的企业，应该将市场的价值和实现价值的方法与新的投资人探讨，并得到他的认可。只有投资人认可了，他才能从企业的角度考虑问题。

### 8.3.3 不做董事会的奴隶

投资人虽然只拥有 20%的股份，但他们的否决权却远远大于股权比例所赋予的权利。他们有权利决定预算审批、薪酬、融资等问题。当投资人持否决票时，创业者会陷入迷雾中，然后问他们："董事会希望我做什么？"而不是坚决地说："我希望董事会能批准我。"

创业者在董事会上每做一个决策，投资人都有可能进行否决，并把原计划彻底推翻重来。如果创业者根据投资人的意见进行修改、修订，就会出现企业发展计划变得缓慢，极大时间浪费在无意义的事情上。

为此，创业者必须履行自己的权利。如果你不为自己做主，那么投资人就会为你做主。创业者必须对自己所做的事情有信心，在董事会上，直接告诉投资人行动计划是什么，听取深思熟虑且中肯的建议，并根据判断制定正确的方案。而不是听从投资人的意见再去搞繁杂的分析，重新制定方案等。

投资人制定的战略之所以不可信，有以下几方面原因，如下图所示。

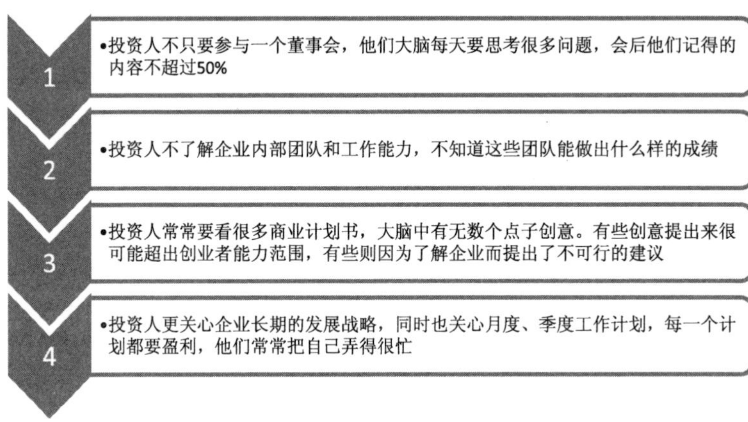


创业者利用专业的知识和分析掌控董事会，不能被认为“独断”而被投资人解雇。对投资人来说，如果他们不同意创业者提出战略规划，也会在认真思考后给予意见。但对创业者来说要坚持和相信自己的战略，并听取他们的意见，用数据和专业知识解决他们认为不可能做到的事。

### 8.3.4 退出机制

与产业投资和战略投资不同的是，创业投资既不是通过经营产品而获得产业利润，也不是为配合母公司的产品研发和发展战略而长期持有所投资企业的股权，而是以获得资本增值收益为目的的投资。当企业逐渐进入成熟期，外部资金需求缺口逐渐降低，市场逐渐成熟，企业也有了一定的管理经验，这时，创业投资人原有的约束和激励机制将失去效果，因此，他们只有退出。另外一种情况，当企业发展到一定规模时，企业将走向资本市场，一旦成功，投资人也会在企业上市后选择退出。

#### 1. 上市退出

企业公开上市，投资人资本安全退出，并获得高额回报。这种模式运作成功后，会吸引更多的投资机构愿意投资企业。但这种方式需要经营效益、财务盈利能力等要求，而且时间漫长、手续繁杂，并不适合多数初创期的企业。

## 2. 股权转让

股权转让是一种常见的模式。比如，投资 1 号店的平安控股，将 1 号店的股份转让给沃尔玛，使平安投资快速将股权变成现金，撤出创业企业，以实现资本增值。股权转让一般包括如下表所示的内容。

| | |
|---|---|
| 企业回购 | 创业企业有优先购买权，所以一般为企业的管理层收购。管理层收购在国外流行多年，但在中国还缺少具体的法律规定和操作经验。管理层收购往往存在收购资金来源不明、资产定价不明确、程序不合法等问题。如果创业者的企业有这样的回购，应该小心为上，避免使企业陷入法律、被稀释等困境 |
| 企业收购 | 收购一般发生在风险企业发展较为成熟时期。当创业企业获得了债务性资金或创业投资家不愿或不能向创业企业投资时，创业投资家可将股份转卖给其他企业。当创业企业的业绩得不到认可时，创业投资家会采取这种方式。<br>创业企业被大企业或上市企业收购、兼并是常见的一种方式。对技术相对先进的创业企业进行兼并，一方面可实现收购企业的技术领先需求或产业转型；另一方面又可实现创业企业的增值和合理收益。由于我国目前对企业的产权不明晰，因此想要实现这种模式退出，首先要解决产权问题 |
| 二次出售 | 战略收购者为了从法律上获得比其他投资人更多的自由去支配创业企业的资产和未公开的技术，因此他们愿意收购百分之百的创业企业 |

## 3. 借壳上市

在中国借壳上市已屡见不鲜。这种模式是，创业企业通过收购某一上市公司一定的股权，取得对其实际的控制后，再将自己的优质资产注入，实现间接上市，再逐步退出。比如，绿地控股借壳“金丰投资”实现上市计划。

在中国 A 市，“壳”资源相对稀少，但可以作为创业资本寻找变现退出的一种选择。另外，这种方式省去了申请上市的众多复杂程序和相应的成本费用。

### 4. 管理层收购

管理层收购是指目标公司的管理者或经理层利用借贷或融资购买创业公司的股份，从而改变创业企业所有权结构、控制权结构和资产结构，进而达到重组公司并获得预期收益的一种收购行为。这类管理层的身份一般是由单一的经营者变为所有者和经营者合一的双重身份。主要通过融资来完成，融资方案须满足贷款者的要求，也要满足收益持有人带来的预期价值。通过管理层收购，可节约代理成本，获得巨大的现金流入，并给投资者带来超额回报。

# 案例：学习他人模式——与资本共舞

在融资的路上，有的企业非常顺利，有的企业一路披荆斩棘。其实，投资人投资任何一家企业，该企业都有其重要优势，有的是模式吸引投资人，有的是项目吸引投资人，还有的是资源吸引投资人。无论哪种模式，都有创业者值得借鉴的地方。本章向创业者介绍成功案例。这些企业处于初创期、发展期、成熟期各个阶段，创业者可以根据成功的融资案例，找到属于自己的融资方法。

## 9.1 神州租车：用新模式获得天价融资

神州租车董事长陆正耀在一次答记者问时说："这是一个多赢的局面，你是想独占一块小蛋糕，还是借助别人的力量把蛋糕做大，一起分享大蛋糕？我相信你如果是我，也会做同样的选择。"

### 9.1.1 神州租车创业故事

随着汽车急剧增长，汽车需求与道路资源、停车资源等有限的社会资源存在不可调和的矛盾。2006 年国家放宽了汽车租赁公司的牌照政策，2007 年 9 月神州租车应运而生。

神州租车是中国汽车赁凭行业的领跑者，该公司借鉴国际市场成功的汽车租赁模式，并结合中国消费者的习惯，为广大消费者提供了快速便捷的全新租车服务体验。该服务为满足客户需求，为客户提供 24 小时取还车服务，并为客户的安全出行保驾护航。

神州租车成立于 2007 年 9 月，总部位于中国北京。作为一个租车公司，该公司为广大消费者提供短租、长租及融资租赁等专业化的汽车租赁服务，以及 GPS 导航、道路救援等完善的配套服务。神州租车官方网页如下图所示。

截至 2014 年 7 月，神州租车在国内 169 个主要城市拥有约 1 000 多个直营租车网点，车队规模近 130 000 台，已服务近百万个人客户和数千家企业客户，是中国目前服务网络最大、服务网点最多、车队规模最大、服务品种最全的全国性大型汽车租赁服务企业。2014 年 9 月 10 日，神州租车有限公司于香港联交所主板成功上市。

### 9.1.2 神州租车融资历程

如神州租车董事长陆正耀所言，融资是一个多赢的局面，想要把租车这块蛋糕做大，融资是最好的选择。为此，神州租车融资不止一次，正是一次又一次的融资，让神州租车越做越大，直到在中国香港上市。那么，我们来看一下神州租车的融资历史：

第一轮：2007 年 12 月，凯鹏华盈、联想投资和美国 CCAS，融资 2200 万美元。

第二轮：2010 年 9 月，联想控股，融资 12 亿元人民币。

第三轮：2012 年 7 月，华平投资，融资 2 亿美元。

第四轮：2012年7月，中国银行，融资30亿元人民币授信。

第五轮：2013年4月，Hertz（赫兹），收购公司20%股权及一名董事会席位。

第六轮：2015年8月，招商银行，融资20亿元人民币授信。

第七轮：2015年10月，美国华平、神州租车、联想控股旗下君联资本、兴业资管、新华资本、中国诚通及瑞信等7家中外机构，融资2.5亿美元。

截至目前，神州租车自2007年9月成立以来，已获得多轮融资，融资金额更是高达数十亿美元以上。

### 9.1.3 神州租车案例解析

最初，提到神州租车大家想到的是中国版的“赫兹”。他们虽然决定要做出租车时就做了大量的准备工作，但依然无法避免模仿至尊租车模式：驾车者只要提供身份证、驾驶证和信用卡就可以享受租车服务。

赫兹的模式再“至尊”，也终究是国外的服务，神州租车再模仿成功模式，终究也不能复制别人的成功。如何控制成本、进行有效投资；如何提高车辆的出租率，以及在全国各个城市、门店之间进行资料有效配置……众多问题迎面而来。不过首要摆在眼前的是需要有车、有场地，只有把硬件设施置办好，才能提升其他的业务和服务。购买硬件就需要大量资金，需要资金就要随着业务范围扩大而不断融资，于是，神州租车开始了融资计划。

提到神州租车就不得不提UAA。UAA（全称United Automobile Association）成立于2005年3月，是一家由著名风险基金投资的外商独资高科技企业。公司借鉴国际成熟汽车服务市场的成功经验，通过利用高效的互联网技术和电子咨询手段，为中国的汽车车主和汽车驾驶员提供全方位的汽车服务、商旅服务及各项增值服务。

2007 年 12 月，神州租车正式运营，3 个月后其出租率已超过65%，公司的车辆也从最初的 100 多辆增加到 1 000 辆，其运营也从最初的 11 个城市增长到了 30 个。但好景不长，2008 年下半年金融危机的到来，让神州租车不得不进行收缩，汽车租赁率也明显下降。但由于神州核心田队的 6 名成员中，有 5 人是 UAA 时期的创业伙伴，他们通过前期 UAA 的会员，为神州找到了客户数据，让神州租车在逆市中保持了增长，这是神州租车独一无二的资源。

UAA 是一家由风险基金投资的企业，而神州租车团队和业务又与 UAA 息息相关，在 UAA 能保证业务的同时，神州租车的业务不断扩大，不少创投、天使投资、银行非常看好神州租车的发展和营运模式，所以神州租车获得了一轮又一轮的注资。

## 9.1.4 神州租车融资方法和技巧

神州租车在租车领域做到龙头老大，其重要原因自然离不开融资。然而，在资本的背后，更多人关心的是他们是如何做到的。那么我们就来分析一下神州租车吸引投资方的闪光点。

### 1. 完善模式，为客户提供价值

神州租车以客户为本，颠覆传统烦琐的租车模式，让客户体验快速便捷化的全新租车服务体验。只要客户能上网、有电话或去神州租车门店，可以随时享受租车还车服务。

在服务分类上，神州租车分为短租、长租、顺风车，如下图所示。

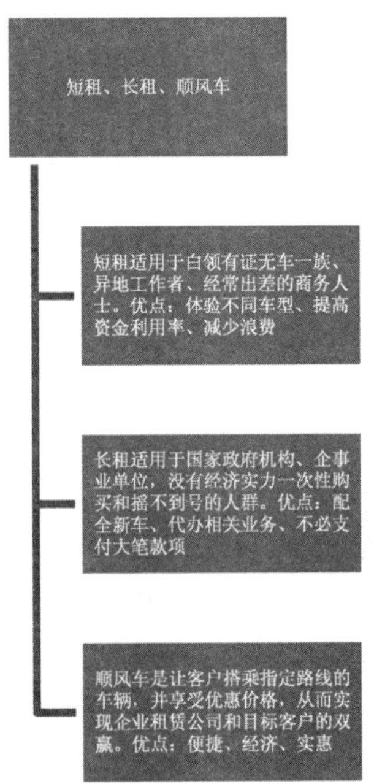


除此之外，神州租车还进入了“专车”领域，与滴滴专车进行抗衡。为了吸引客户让客户放心，神州专车招募的司机均拥有五年以上实际驾龄，并给司机配置蓝牙耳机和专用手机等设备。

除了为客户创造价值外，在盈利模式上也让“投资人”看到了价值。神州租车的盈利模式为：租赁汽车费用、加盟商费用、二手车销售。

### 2．融资后企业应该做什么

一个项目是否值得投资，还要看企业融资后打算干什么、怎么干。对于神州租车来说，除了把资金用于发展，还要在业内不断提升竞争力。只有把钱用在刀刃上，投资人才愿意等待市场时机成熟。

（1）短期内建立短租领导者地位

神州租车拿到融资后，首先在成熟短租市场，将资金用于短租市场建设。只有在某个业务上成为领导者，才能拥有核心竞争力。截至 2014 年 3 月 31 日，神州租车已拥有车辆 55 403 台，超过行业第二至第十租车公司的总和，是行业第二名的 4 倍之多。占短租市场份额达 31%，是行业第二的 4 倍以上。

（2）网点覆盖密集建立服务领导者地位

神州租车之所以一轮又一轮地筹集资金，另一个方向主要是建立网点。网点覆盖越密集，客户在租车还车上才能更便捷。强化租车还车便捷服务，才能保证服务上的核心竞争力。截至 2014 年 3 月，神州租车在全国 69 个大城市拥有 751 家直营服务网点，是行业第二名的 3 倍，同时，神州租车还有 152 个较小城市的 191 个加盟网点。

（3）购买车辆服务不同需求客户

想要在租车行业占有一席之地，汽车的新旧、数量、品牌选择范围是企业另外一个竞争力。只有满足不同客户需求，才能吸引更多客户前来租车。神州租车的车型从省油便捷到商务高档用车等一应俱全。

（4）品牌塑造

神州租车从创建以来，从未断过品牌宣传。除了特价租车、强化第一品牌外，神州租车对 APP 宣传力度也不小。因为现在是移动互联网的天下，只有神州租车 APP 在用户手机中占有一席之地，才能让消费者租车时首选神州租车。

### 9.1.5 神州租车融资经验

作业国内汽车租赁老大，神州租车在租赁市场上不断受到资本的青睐，其缘由不仅因为该行业是新兴产业，更是投资人对神州租车实力的一种认可。而这种认可正是创业者融资时所需要的。那么，神州租车是怎样一步步走向成功的呢？

#### 1. 认可董事长陆正耀

陆正耀是神州租车的老总。2005 年 3 月，他创办 UAA 时就与联想投资有过合作。当 2007 年打算介入租车业务时，依然拿到了联想投资的资金。究其原因，是因为陆正耀与联想控股的常务副总裁朱立南是好朋友。两人常常一起打网球，很多投资项目就是在球场上促成的。

陆正耀拿到联想控股的投资离不开好友的支持，是好友认可他的人品、眼光、创业项目，使他拿到了第一笔资金让神州租车项目顺利进行。

#### 2. 认可其公司信用等级

一个公司能否得到其他创投、银行的支持在于项目是否可行，是否有信用度。2009 年第四季度，资本市场回暖，华兴资本的杜永波帮神州租车启动融资时，陆正耀开始思考，是选择风投做股权融资，还是找大机构来获得更多别的方面的支持。于是，联想控股再次找到他时，他花了不到两分钟的时间就做了决定，他说："这个行业没有大的产业基金进来，是壮大不起来的。"于是，陆正耀再次与联想合作，引入联想控股作为战略投资者，并提供信用担保，这样银行就不是评估神州租车，而是评估联想控股。神州租车在提高信用等级的同时，也获得了大量资金。

### 3．认可商业模式，保持竞争力

租赁商业模式与以 Uber、易到用车为代表的叫车服务商业模式，有着天壤之别。而滴滴专车、快的打车又是不同的商业模式，所以神州租车在市场上保持着独特的竞争力。当一嗨租车、易到用车从市场中崛起时，神州租车早已凭借多轮融资做到了龙头老大的位置，抢先了市场份额。

### 4．认可合伙人，敢于放手

一个企业能否做大，在于是否敢于放手。2010 年，神州租车以近乎“卖身”的价格，从联想控股中获得 12 亿元的资金，成为联想控股旗下的企业。正如陆正耀所说，到底是独占一块小蛋糕，还是借助别人的力量把蛋糕做大，一起分享大蛋糕？这确实是值得深思的问题。而陆正耀选择的是把蛋糕做大。

## 9.2　Step5 五步会：低调融资，靠“倒卖人才”赚钱

一方面是严峻的用工现状，另一方面是严格的制度条例，在这种复杂的市场背景下，人力资源服务供应商在提供派遣服务时必须要调整自己的步伐，才能取得长远的发展。Step5 五步会正走在“倒卖人才”的路上。

### 9.2.1　Step5 五步会创业故事

球员租借在当今足坛已是司空见惯的事，但提及“人才租赁公

司”却让人有些困惑。而“五步会”走的就是这样一条独特的路线。

“人才租赁”的形式最早起源于一战时间的美国，那时候由于军需，需要大量打字员，为了在短时间内“批量次”地找到目标劳动力，“人才租赁”的用人方式出现了。当时，这种劳动力被归为临时性工作者或是非典型性劳动力，雇主、雇员和人才租赁公司之间存在着两个法律关系，三个主体。比如，军队不与打字员产生直接雇佣关系，而人才租赁公司直接雇用打字员，军方只有打字员的使用权，而元拥有权。

目前，市场上的90后“新”劳动力，换工作频率较高；临近退休的CEO、CFO、会计师、工程师等深受市场青睐。“五步会”借助“人才租赁”形式，将市场上的人才与企业对接，创建了“Step5 五步会”平台。

Step5 五步会（隶属于上海迈傲人才咨询服务有限公司）是一个集结了企业（客户）、人才，以及服务供应商的人才外包服务咨询平台。同时Step5作为中国最大的线上专业HR交流互动微信社区，汇集了众多人力资源行业资深领导者，可以在线解答HR专业困惑，参加免费活动，实时追踪行业热点，浏览服务供应商咨询。目前，五步会平台有人才租赁、五步会HR社区、猿子弹IT社区三个板块。

在创立Step五步会之前，丁士刚先后创办了两家人才租赁公司，其中一家叫Talent-Spot的人才租赁公司，在2014年营业收入达到6.5亿元，平均每月派遣人才3 500名。2015年，丁士刚决定把新的生意瞄向人才租赁公司和用人企业，用平台的思维去撮合人才租赁市场上的供给与需求，于是Step五步会出现了。

### 9.2.2 Step5 五步会融资历程

Step5 五步会创建于 2015 年 10 月底，2015 年 12 月五步会核心团队成员 Jerry Wang 在微信向 HRTechChina 透露，已获得顶级 VC 融资，金额达数千万元人民币，具体融资数额及投资方并未透露。

目前 Step5 五步会核心团队成员情况如下表所示。

| 五步会核心团队成员 | 团队成员履历 |
|---|---|
| Adrian 丁 | Chief Executive Officer；前 Talent-Spot 创始人，2014 年国内年营业额达 6.5 亿元，平均每月派出 3 500 名租赁人才；多次人力资源服务成功创业经历；毕业于新加坡国立大学电子工程系 |
| Yue 董 | Chief Technology Officer；前驴妈妈 CTO，拉手 CTO，1 号店资深研发总监；毕业于美国 CMU 大学，电脑科技硕士 |
| Jerry 王 | Chief Operating Officer；前优士网招聘服务董事总经理；前 Links International 和新加坡最大本土人力资源公司 GSI 中国区总经理；互联网猎头公司 Rhino 创始人 |
| Paul 黄 | Chief Strategy Officer；前 P-Serv 创始人，成功转让于 Kelly Services（纳斯达克），全球第 5 大人才租赁服务公司；毕业于新加坡国立大学电子工程系 |

截至 2016 年 1 月 28 日，Step5 五步会从成立到融资成功，仅用了一个多月的时间，可见在创建 Step5 五步会之前，已为融资做足了功课。

### 9.2.3 Step5 五步会案例解析

目前市场上的人力资源企业，以智联招聘、51job 这样的网站为主。这些企业早期做信息展示，帮助 HR 增加职位发布渠道，也给求职者带来更多申请路径。但就目前的趋势看，企业了开始朝线下发展，逐渐线下的人力资源管理、培训和服务模式倾斜。传统的广告、职位发布已不再是企业的主营收入。对比，丁士刚认为，无论大企业还是小企业都有“用人难”的问题。

人才租赁行业是灵活用工的重要组成部分，灵活地解决了企业“用人难”的问题，从方式上隔离了企业和员工的附庸关系，让“单位人”回归“社会人”的角色。对于大企业而言，由于公司本身较大，招聘新员工的周期相对较长，招进公司后，还要进入企业的内训环节，节奏有些慢；对于小微企业而言，公司名气小，实力薄弱，没有专业的HR人才，要招到一个基础文员都不是一件容易的事。另外，这种人才租赁多数是临时性的，比如3个月、1年等。而五步会的人才租赁形式非常适合季节性、项目性的工作，实现人才与企业的对接。

根据民间职介国际同盟（CIETT）2015年的报告显示，截至2014年，全球已有26万余家灵活用工服务机构，灵活用工的人数达到6 090万人，灵活用工市场营业额超过2 820亿欧元，其中美国占有最大的市场份额，中国排名第二。数据显示，未来人才租赁有着较大的市场。

### 9.2.4 Step5五步会融资方法和技巧

Step5五步会创建不久就拿到了A轮融资，可谓是打响了创业以来的第一炮。就Step5五步会的项目来看，“人才租赁”在中国确实有着较大的市场。除此之外，Step5五步会在定位、运营及抗风险上，也做得极其专业。

#### 1. 细分市场，精准定位

在招聘、人才市场上，Step5五步会脱离了传统职位展示模式，将定位聚焦于“人才租赁”。其实，定位于人才租赁后，企业还面临着另外的市场细分。比如，是聚焦中高端人才还是中低端人才？是着眼于科技新光行业还是传统行业？是吸纳技术人才还是管理人才？每个行业和岗位都有不同的特点，想让企业人才走向岗位即可工作，必须更加细致地细分市场。

Step5 五步会 O2O 人才租赁平台目前主要针对财务、人力资源、信息科技行业，覆盖城市以北京、上海为主，需求岗位及项目多数为行政人员、人事专员、软件工程师等。五步会平台没有从大而全的角度切入，而是聚焦在新兴行业。企业有了定位和目标，将会着重对企业的用工需求、人才求职的习惯加以细分，从而提升平台的转化率和对企业的满意度 Step5 五步会官方增台页面如下图所示。

**2. 找准利润增长点，吸引投资人**

在中国服务交易平台上，猪八戒网可谓是包揽了自由职业与企业对接服务。企业一些标准化外包项目，像 LOGO 设计、包装设计、产品设计等都能在猪八戒网平台实现。猪八戒网 2014 年财年营业总收入超过 4 000 万元，净利润约为 376 万元。五步会想分得服务交易平台一杯羹似乎并不那么容易。

Step5 五步会的解决方法是，强调平台的 O2O 属性。即采用一个更合理的分配/利用社会资源的方式，在所有权不变的前提下，通过让渡使用权，把闲置资源、能力、劳动接入全新的商业生态圈中，发挥并创造其最大价值，从而获得经济回报。

Step5五步会在创建之前，借助Talent-Spot已经赢得了一定的关注度。新上线的租赁O2O在线上社区，帮助人力资源从业者答疑解惑，并且浏览职位，挑选服务供应商。对于线下除了专业的导师面对面、研讨会、培训课模式外，还增加了互动、趣味性十足的吃喝玩乐等活动。活动主题是人力资源所关注的话题，包括如何简单粗暴地做绩效、人才外包业务的发展良机、共享经济下的培训趋势等。

通过线下服务和活动，将线下的人才带到线上，通过线上的答疑、咨询等服务将客户转化为具有高黏性的用户群体，形成O2O闭环，实现无缝对接。

### 3. 强化风险，提升管控能力

人才租赁属于短期工作行为，求职者的社会保障、知识产权等问题如果不解决，五步会将无法包揽“闲置”人才。另外，企业受聘的员工如果出现消极怠工、泄露商业机密等行为，也会让Step5五步会失去信誉。为了完善服务，Step5五步会目前是整合第三方资源，承担了“第四人称”的角色。目前，O2O平台施行评价体系为三方用户提供所需的服务品质监督。互评虽然会产生舆论压力，但也有一定的约束性。

O2O模式铺天盖地，因为它离人们的生活更近，人们需要它来对接平台。但仅凭O2O模式拿到资金估计是很难的。Step5五步会能融资成功的原因在于，传统人才租赁中需要企业与人才对接，需要建立面对面的沟通。而“租赁人才”抓住的是“租赁”的痛点，为用户创造了价值，并在实际运营中清楚地解决了市场定位、寻找利润点和控制风险等问题，这才是投资人喜欢的项目。

### 9.2.5 Step5五步会融资经验

任何一家企业融资成功，其“实力”都不可小视。对于五步会来讲，融资似乎来得更简单，他们没有经历漫长的找资金的过程，看起来一切都顺其自然。那么，他们是怎样被投资人看中的呢？

#### 1. 团队不容小视

Step5五步会的创始人丁士刚有着不一般的经历。在2010年时，他在上海创办的Talent-Spot，业务范围已覆盖整个亚洲，是新加坡最大的人力资源服务公司之一。该集团就在中华区而言，已设立超过15个办公室，覆盖100多个城市网点，拥有超过250名员工。可以说，丁士刚在做人力资源服务方面是一个资深的专家。他之所以创办五步会，是因为他发现市场人才需求在未来发展中，更倾向于“租赁”。

投资人徐小平说：“你一定要有经验。你做过这件事，学历不重要，重要的是你有没有做过这件事，做过这件事，你再做同样的事或类似的事一般没问题。”这句话，应该也是大多数投资人的心声。对于人力资源服务方面的专家和之前的成功经验，投资人更愿意将资金投向更可靠的团队。

就Step5五步会的团队来讲，五步会除了创始人丁士刚外，技术主管Yue董、首席运营官Jerry王、首席战略官Paul黄，每一位高管都有着丰富的经验，这些市场经验能够有效地降低投资风险。无论从项目还是从企业战略以及企业团队，投资人都没有理由不投资Step5五步会。

### 2．项目独特

Talent-Spot 之前主要是做人才资源服务类项目，覆盖区域为整个亚洲市场。其实，在国外“人才租赁”已有较大的市场，只是在国内才刚刚兴起。丁士刚在维持原有业务的基础上，增加了 Step5 五步会业务，正说明了该业务的独特性。丁士刚估计在未来 3～5 年内，白领人数会突破 3 亿，而外派人员将超过 10%，尽管人才租赁的用人形式在未来的 5 年内不会成为主流，但是其“灵活雇佣”“即插即用”的用人方式却可以帮助一部分企业主和一部分劳动力寻求到最佳匹配。

## 9.3 阿凡题：能搞定北大学霸，就一定能搞定投资人

教育一直是父母、老师非常关心的话题。随着互联网的发展，教育业从原来的面对面式改为现在的在线交流式。2013～2015 年是在线教育的大跃进，是资本和新玩家正在密集涌入的领域。阿凡题以独特的教育方式，帮助孩子解决了学习问题，吸引了父母和老师的眼球，当然，也吸引了投资人的眼球。

### 9.3.1 阿凡题创业故事

上学时，经常会碰到这种情况，老师讲的课明明听懂了，但课后却依然不会做题，在家又苦于没人教。针对这一痛点，阿凡题帮助学生解决了课下做题难问题。

阿凡题是一款专为中学生作业答疑订制的手机学习客户端。学生在作业中遇到不会的问题时，只需将题目拍照上传，云端自动检

索识别，10 秒钟内快速返回解题思路和过程讲解。学生还可以在线寻求帮助，发现更多解题思路，也可以帮助别人解答，提高自己对知识点的掌握。

阿凡题手机客户端共涵盖了 4 000 多万道学习试题，囊括初中数学、初中化学、初中物理、初中英语、初中语文，高中数学、高中物理、高中化学、高中英语、高中语文等全学科，还包括最新的 2014 中考试题、2014 高考试题、往年中考真题、高考真题、中考模拟试题及高考模拟试题等。是一款有效提高学生的试题解析能力及学习技巧，快速解决学生作业难题，学习中必不可少的解题软件。阿凡题官方网页页面如下图所示。

拍照上传阿凡题系统不过是吸引用户的切入点。阿凡题除了拍照解题，将更多的注意力放到了师资力量上。当学生有解不开的题目时，最好的解决方法是在线呼叫老师进行解答。阿凡题对平台用户进行调查后发现，70%的学生也认为找老师是最好的解决方式。截至 2015 年 12 月底，阿凡题平台上有 15 321 名教师，注册用户 2 000 万，每天 50 万单量。

### 9.3.2 阿凡题融资历程

阿凡题自 2013 年底创立以来，秉持“为 K12（教育专用名词，指从幼儿园到 12 年级）用户提供极致答疑体验”获得了大批用户。在创业的几年中，如果没有投资人的加入，阿凡题的成功之路必然不会这么顺利。

据了解，2014 年 6 月阿凡题 APP 正式上线前，团队已获得梅花创投和安芙兰创投总计 1 000 万元。

A 轮：2014 年年底，安芙兰创投领投，融资 1 800 万美元。

B 轮：2015 年 12 月，由深创投、凤凰祥瑞及朗玛峰，融资 6 000 万美元。

截至 2016 年 1 月底，阿凡题在短短 3 年时间内，正式融资两轮，融资金额已达到 7 800 万元美，折合人民币数亿元。

### 9.3.3 阿凡题案例解析

阿凡题创始人兼 CEO 陈李江，是北京大学和耶鲁大学联合培养的博士，毕业后第一份工作在惠普研究院。两年后陈李江有了创业的想法，创业灵感来自于他的北大学霸朋友。

陈李江是北大高才生，身边少不了北大的朋友。有一次，他的北大学霸朋友向他哭诉，每天回家陪女儿做作业，虽然才上初一，但面对难题时仍旧倍感吃力。陈李江听后惊诧不已，北大学霸都为孩子的作业发愁，那普通家长怎么辅导孩子做作业呢？那时，他感觉到了商机，找到了痛点：学生作业难、家长辅导难。

博士期间，陈李江主修计算机和大数据专业，他觉得大数据需要扎根到行业之中才能发挥价值。对于教育行业来说，他恰好积累了大量数据。比如，每年的中考、高考、作业难题等，把这些难题匹配到对应的学生，既能帮助他们答题，也能减轻家长的负担。为此，北大学霸无法搞定的难题，被阿凡题搞定了。

为了解决“学生作业难、家长辅导难”的问题，陈李江组建了强有力的技术支撑和服务团队：耶鲁大学、杜克大学、北大、清华、中科院等知名院校尖子生，也有来自 BAT、谷歌、微软、波士顿咨询等国内外知名企业管理人员。陈李江认为，只有将不同背景、多元化的人才组合到一起，才能创建互补型团队。这个团队不仅开发了“拍照解题”，还开发出“智能解题”，而“智能解题”已取得了国际专利，在阿凡题内部又称为新技术 2.0 时代。

### 9.3.4 阿凡题融资方法和技巧

在线教育服务竞争激烈，除了像京东方、口袋老师、学霸君等教育品牌外，普通高校也有在线教育服务。阿凡题想在在线教育领域分得一杯羹，必须走非寻常路线。这不仅需要强有力的战略、运营支撑，还需要强有力的技术支撑。找到了企业的优势，融资自然轻而易举。

#### 1. 挖掘教育行业“刚需”价值

我国教育资源分布不均，资源紧缺，通常一位老师要面对 20～60 个学生。课堂上讲解、授业已演化为填鸭式教学。不少家长为了保证孩子基础知识学得更加扎实，会给孩子报课外补习班。但目前线下教育与课堂教育毫无差别，虽然是小班制，但下课后学生依然面临难题无法解决的情况。

根本问题得不到解决，就没有找到教育行业的“刚需”。在现实生活中，每位应试教育体系内的学生，90%都遇到过作业难题，60%的学生更是每天遇到至少一道难题。作业题不会做怎么办？老师不在身边，补习班已下课，找家长也无法解答初高中数理化题目，如果仅凭学生自己查找知识点、翻阅资料、复习笔记，解决难题的比例极低。而多数学生，当天遇到的“死结”，过夜后很少有学生能够自觉主动再去求解。多少学生囫囵吞枣、日复一日、疑惑越积越多，知识缺口积重难返。旧的没得到解决，新的更不懂，最终导致学习成绩不断下降。

从心理学角度来讲，遇到难题的一刹那，恰恰是求知欲的峰值。欲望如果没有被响应，青少年很容易知难而退，再激发他们学习动力很困难。因此，抓住这个“心理”瞬间，并及时解决他们的问题，就能做到“按需服务”，找到教育行业的“痛点”。

阿凡题就解决了这一问题，找到了教育行业的“刚需”价值。这个价值让阿凡题从普通教育企业里脱颖而出。

**2. 老师兼职，省钱省力**

师资如此匮乏，好的老师更是一“金”难求。如果企业花重金聘请专业老师，肯定是一笔不小的开支。为了解决这一问题，阿凡题在线解答的老师，全部是公立学校老师。他们利用空闲时间做兼职。如此一来，阿凡题只需要对注册入驻的老师身份进行审核即可，既不用企业专门培训，老师还能即时上岗，为企业节省了大笔资金、精力、时间和资源的同时，老师还获得了额外收入。

**3. 拓展线下渠道，吸引更多用户，解决更多问题**

阿凡题业务全部来自于线上。企业拿到资金后，开始考虑拓展线下渠道。陈李江表示，阿凡题正在和教辅资料生产和提供商进行合作，因为他们掌握着大量的学习资料。在技术方面，阿凡题还和奥飞动漫建立了战略合作关系，两家企业共同发展儿童教育内容，同时在2016年将推出智能学习机器人。

### 9.3.5 阿凡题融资经验

阿凡题刚刚涉足K12教育时，联合创始人王庆苑就跟投资人聊过。当时投资人告诉他，投在线教育很难。因为学生都不是主动学习的，而且没有购买能力。因此，圈不住家长，项目就无法赚钱。投资人的建议一直提醒着阿凡题，到底应该给阿凡题什么样的定位，并且怎样才能圈住家长呢？解决了这个问题，才能说服投资人给企业投资。

#### 1. 打破投资人思路，聚焦用户，创造新价值

阿凡题就投资人的建议思考企业的价值到底是什么。随着对学生、老师和家长关系的深入研究，发现满足老师、家长、学生三方面的需求是个伪命题。因为企业主要用户是学生，而学生大多数时间是被动学习，主动学习是写作业的时间。也就是在写作业的极短时间内能解决他们的问题，才会创造真正的价值。

阿凡题对学生做调研发现，一、二线城市的学生每个月基本上有150元左右的零花钱，三、四线城市每个月至少也有50元零花钱。再次，投资人低估了学生对家长的影响力，如果学生愿意花钱买教育产品，其实家长很愿意增加这方面的消费。目前，之所以教育产品必须靠家长来购买，主要是因为还没有出现学生真正喜欢的教育产品。如果企业一直把目光聚焦在有购买力的家长身上，所创造的

产品完全是以吸引家长为主，而不是学生。因此，阿凡题打破投资人和传统教育思路，将焦点放到学生身上，尽可能满足学生在学习中的需求。

2. 技术新，拥有专利技术

阿凡题的“智能解题”技术已申请国际专利，它的方式是人工智能，被广泛应用于答题领域。如果拍照答题产品的范围是题库中收录的题目，那么“智能解题”则极大地提高了识别和解题范围。比如，老师布置作业时，经常写在黑板上，拍照解题只能识别印刷体，而“智能解题”则可以识别手写。目前应用的手写识别率在六成左右，这个数字会随着样本的不断积累而得到提升。

3. 借助平台，搞定投资人

阿凡题凭着专业的技术和聚焦学生的定位，获得了极大的成功。这个成功让团队完成第一轮融资。在第二轮融资时，阿凡题团队走“平台”路线，借助腾讯发起的众创空间“双百计划”（由腾讯打造的融资平台）完成 B 轮融资。本轮融资由深创投、凤凰祥瑞及朗玛峰共同注资，融资金额达到了 6 000 万美元。

## 9.4 借贷宝：金融平台的融资方式

融资似乎是企业的事。其实不然，金融平台也是靠融资把企业做大、做强的。当企业抱怨融资难、门槛高时，处于风口浪尖上的借贷宝却宣布，已获得第二轮融资，融资金额达 25 亿元，估值超过 500 亿元。那么，饱受争议的借贷宝是怎样做到的呢？

## 9.4.1　借贷宝创业故事

在中国，借钱是一件羞于启齿的事；朋友向自己借钱，也是一件令人为难的事。无论借或者不借，心里都会不舒服。如果有一家企业能解决借钱的事，借钱的人是否觉得借钱不再是一件难堪的事呢？被借者有了平台的保障，还能赚取相应的利率，是否更愿意把闲置的钱借出去呢？没错，借贷宝干的就是这么一件事。

借贷宝是国内顶级私募机构九鼎控股倾力打造的熟人间借贷平台。以借款人实名、出借人匿名的单向匿名借贷模式，使借款人能够快速获得借款，出借人根据借款身份主动评估风险，获得更案例的高收益，是手机借钱神器、赚钱利器。实现人人办金融，人人都是金融家的梦想。

借贷宝好友均来自用户真实的朋友圈，并经过严格实名认证。当有用户需要借钱时，一键发布借款信息，如借款期限、利率、金额等，好友可根据身份快速评估风险，做出决策。借贷宝官方网页页面如下图所示。

借贷宝自上线以来，一直饱受争议。在2015年8月，借贷宝花20亿元推出“拉好友抢现金”活动。后该活动被网友指出推广方式涉嫌传销。借贷宝坚称，借贷宝并非传销：第一，推广主体人人行科技有限公司无论是主观和客观上均没有欺诈和非法牟利，借贷宝用户注册过程不需要任何财物投入；第二，“拉新注册送红包”的实质是公司以现金方式补贴用户，不存在扰乱市场和社会秩序情形。

借贷宝之所以被说为“传销”，是因为树大招风，大手笔的补贴引起了部分人的戒备心理，人们觉得天上不可能掉馅饼。为了澄清企业非传销，借贷宝花重金邀请羽泉组合做品牌形象代言人，并通过“暴走漫画”等平台宣传自身模式，成功摆脱了谣言。

虽然借贷宝一直存在争议，不过还是拿到了25亿元的融资。在广大用户都不看好的情况下，企业顶着压力能拿到大笔资金，其优势不容小觑。它能融资成功，比广大用户叫好的企业更加值得青睐。

### 9.4.2 借贷宝融资历程

借贷宝APP从上线以来，争议从未断过。一方面，争议让企业的品牌形象受损；另一方面，有争议才能“火”起来。处在风口浪尖上的借贷宝就是这样在朋友圈火起来的，然后在短短数月间，完成了两轮融资。其中第一轮融资创下互联网金融首轮融资额的新纪录。

第一轮：2015年8月12日，未对外透露投资方，只表示目前股东人数较多（有20余名），包含上市公司主体、专业投资机构、个人投资者等，九鼎投资占95%股份，融资金额20亿元。

第二轮：2016年1月25日，未透露投资者名单，只表示该轮融资由某大型股份制商业银行领投，并有多家机构投资者和个人投资者参与，部分第一轮投资人继续跟投，融资金额25亿元。

自上线以来，短短五个月的时间完成了大规模的两轮融资，融资金额达到了45亿元，企业估值达到了500亿元元。

### 9.4.3 借贷宝融资案例解析

在中国，目前社交金融平台大致有三种业务模式。一是借贷双方实名制。比如，像支付宝的“借条”。双方在支付宝平台上成为朋友关系，就能通过对话窗口使用蚂蚁小贷提供的“借条”服务。二是单向匿名，即出借人匿名、借款人实名。比如，借贷宝采用的匿名模式。借款人实名有利于出借人判断借款风险、商定利率，避免传统熟人借贷不好谈利息的尴尬，也便于出借人用匿名的身份对借款人进行催收。三是双向匿名，借贷双方均为匿名的朋友关系。比如，用户在某企业平台注册后，对朋友进行授信以及被朋友授信，然后匿名发出借款申请或接受朋友借款请求。

借贷宝的单向匿名模式在朋友圈内被广泛传播开来，其主要愿意是因为熟人间借贷模式构建了天然的案例保障，借款人来自真实的社交网络，出借人了解借款人的还款能力和意愿，可以准确评估风险。如果借款人逾期不还款，将导致其在社交圈信用破产，违约的综合成本高，所以对出借人而言，能够降低借钱的风险。

其实，在借贷宝未推出以前，翁晓奇（现任借贷宝副总裁）在清华读书时，就做过一款名叫“师兄帮帮忙”的社交产品。2015年，他带着自己的社交情结踏入了熟人借贷领域。在他看来，借钱是一件非常尴尬的事，借款人不仅要打破自身心理门槛，拉下脸来找朋友借钱，还要做好被拒绝、被奚落的准备。同样，出借人也很犹豫，借或不错？要不要利息？多少利息合适？化解这种尴尬的最佳方法，是借助互联网，把事情变得更加“标准化”。基于传统借贷中的痛点，才有了借贷宝。为了保护人情，翁晓奇专门设置了单向匿名，即不知道哪位朋友借钱给他，这样，会让双方在还钱时都少一些困扰。如果知道出借人是谁，借款人则可能会私下请求宽限或豁免，让出借人陷入两难。

要说借贷宝如何能拿到大笔资金，完全是因为这家公司背后的老板是九鼎投资。九鼎擅长造势，通过资本运作，以小博大。在大众受争议的“传销”事件中，谁又能说不是一种造势的方法呢？借贷宝上线几个月以来，根据 AppStore 中国区的数据来看，借贷宝是 2015 年占据免费榜累计时间最长的应用，长达 31 天。截至 2016 年 1 月 28 日，借贷宝官方首次披露下载用户达到了 1 亿人次。

### 9.4.4 借贷宝融资方法和技巧

自 2014 年 9 月以来，李克强总理在夏季达沃斯论坛提出的“大众创业，万众创新”的口号，掀起了全民创业热潮。但随着市场经济转型，资本市场乏力，不少企业的发展似乎陷入了“冬眠期”。尽管如此，在 2015 年，以互联网为代表的行业却异常火爆，大量项目融资成功。九鼎投资旗下子公司人人行科技股份有限公司出品并运营的“借贷宝”平台，不仅吸引了大批用户，还完成了一轮又一轮的融资。他们能在一片“寒潮”中被投资人看上，到底有着怎样的优势呢？

### 1. 除对接外，还替催欠款

借贷宝虽是对接借款人和出借人的平台，但双方出现矛盾或风险问题，借贷宝平台也必须帮助解决。比如，帮出借人替催欠款。为了避免赖账，借贷宝建立了替催欠款机制，该机制具体操作如下表所示。

| | |
|---|---|
| 收惩罚高息和逾期管理费 | 逾期超过三日的，借款利息上浮，且平台将收取逾期管理费 |
| 电话催收 | 由总部的呼叫中心进行多轮电话催收 |
| 违约记录上传平台 | 违约记录上传到借贷宝平台，好友可查询，若仍旧不还款，则会向其好友主动推送其欠款信息 |
| 线下催收 | 通过遍布全国各地的合作催收团队进行历时 120 天的电话及地面催收 |
| 平台对借款人提起诉讼 | 诉讼费及律师费由借贷宝平台先行垫付并由败诉方承担，同时会视情况申请法院强制执行 |
| 记入失信被执行人名单 | 借款人将被录入全国法院失信被执行人名单 |

借贷宝平台对出借人的保护，让出借人愿意将资金放到平台上出借。款借出人如果能按时还款，也能增加自己的信誉度。解决了双方风险问题，就解决了平台漏洞，使平台更加完善，既吸引用户也吸引投资人。

### 2. 对接金融平台，多方盈利

投资人之所以愿意投资该企业，不仅因为该企业前途光明，还因为该企业能为投资人带来更大的好处。细看借贷宝平台，是一个服务于借款人和出借人的业务平台，该平台不收取费用，唯一的盈利点是“逾期管理费”，即借款人发生违约时，才能实现盈利。从表面上看，该企业的盈利模式与前期投资花 20 亿元重金推广似乎不成比例，收入远不足覆盖成本。

其实不然，每一家与金融有关的企业，都有理财服务。除了可以将资金借给贷款人外，出借款还可以将闲置的资金购买理财服务。也就是说，借贷宝的熟人之间借款，其实只是一个吸引用户的入口，真正的盈利模式在于理财产品。比如，基金、证券、保险、第三方支付等。金融服务对接借贷宝平台，同样也为借贷宝带来了资金。

### 3. 寒冬背后有机遇

生意难做，不少企业还处于“冬眠”期。对于中小微企业的融资难、门槛高等问题，借贷宝也愿意帮助其分忧。在2015年借贷宝年会上，借贷宝高层透露，2016年借贷宝将推出企业版，通过商业模式的再创新，借贷宝平台深度连接企业、个人和银行，通过高度创新的互联网金融模式在很大程度上有效解决了长期困扰中小微企业的“融资难、融资贵”等问题。

借贷宝针对企业融资这一痛点，将吸引更多的企业用户，吹响“生人借贷”的号角。这一模式推出后，既可以为银行、投资机构等带来业务，同时，又能帮助借贷宝完成下一轮融资。

## 9.4.5 借贷宝融资经验

互联网发展迅猛，网贷行业自然也有其市场需求，风投早将目光盯紧了网贷这一市场。可是，一方面，作为发展良好的平台方，他们必定有无限的潜力，并不想廉价卖出自己的股权。另一方面，作为投资方，风投也有颇多顾虑，如今网贷平台并不少，从中很难挑出将来既能盈利，又发展良好的平台。互联网是一个烧钱的行业，如果不能找到其盈利模式，投入的资金就是一个无底洞，网贷平台也不例外。所以，互联网行业首先要做的就是找到盈利模式。

### 1．对接理财，多方受益

借贷宝的“熟人借贷”是一个流量的入口，其重要的项目是理财产品和企业贷款，对接金融服务以及大额贷款。除借贷宝外，九鼎机构旗下还有团贷网、融金所等金融平台，其投资的机构不仅能拿到借贷宝的股份，还能在该企业多平台发展，可谓是强强联手，投资机构既赚钱又卖产品。

### 2．赚利差，保证平台活跃

借贷宝平台是一个“借贷”平台，不可能像QQ、微信、微博等平台，有大量活跃用户，毕竟借钱不是一件高频率的事。没有哪位出借人和借款人专门保留手机应用，等着朋友借钱或向朋友借钱。为此，平台推出赚利差服务，让用户像玩微信红包那样，不玩就“错过了好几个亿”的感觉。

缺乏人脉的人，一般会找人脉广、信用好的朋友为自己作担保。借贷宝将这一场景延伸到产品中。每一位用户都可以无成本地利用自己的人际关系和信用价值，为朋友融资，同时获得一部分收益。除此之外，平台还推出了“补贴”制，每位注册用户会拿到20～50元的补贴金。用户拿到钱后很可能就卸载了APP，为此企业还推出了“召回”服务，比如，认识的某某来借贷宝了，认识的某某在借贷宝赚钱了等。

只有保证了平台的活跃度，才能保证平台的产品、服务被更多用户享用，才能解决投资人担心的问题。

### 3．不断开发新的盈利模式

借贷宝最初做“熟人借贷”模式，上线后推出“生人借贷”模式，在未来会根据投资机构的需求，推出更多盈利模式。借贷宝的目标是，未来人人都是金融家，人人都能在平台上赚到钱。为了这个目标，借贷宝平台也在不断探索让用户赚钱的模式。当然，用户能赚到钱，自然愿意留在企业的平台上，平台上有了庞大的用户群体，才能找到更多的盈利模式。

# 本书执笔作者

李金山，天使投资人，中投资本联合创始人，国美基金总裁，爱收藏俱乐部发起人，中科创大创业导师，获国家自然科学基金、教育部人文社科规划基金支持的《融资就这么简单》一书的作者。

曾任国中青控股集团副总裁，赤懿资本董事总经理，美国市场营销会员，微达达粉丝变现体系发起人。

马定强，毕业于东北财经大学，后留学德国。曾任大连中信银行信贷部部长、大连万融金融集团分公司总经理、甘肃众慈健康管理公司总裁等。有 20 多年从事银行、证券、担保投资、风投、创投、基金管理等金融领域相关工作和 10 年企业管理工作的丰富经验。擅长资本运作、投融资业务及风险管控、基金和企业管理等。

罗华，东北财经大学教授，硕士生导师。理学博士，应用经济学博士后，英国帝国理工访问学者。入选辽宁省优秀人才支持计划，主持国家自然科学基金及教育部人文社科基金等项目。

# 本书联合发起人

马定强、贾纪峰、徐兴权、吴均运、朱丙琳、田运昌、刘建军
黄云涛、李财林、董海东、肖伟明、陈　强、陈　航、刘乃馨
郑　肖、龚　克、戴　恒、蔡　胜、李明阳、赵广八、肖　平
何　峰、孙　浩、尹向东、曹继忠、王　浩、褚庆峰、黄子吉
代　华、王书君、倪　键、路振德、丁　毅、董　壮、董永强
杜华伟、陈顺杰、范伟华、赵君平、王　政、冯玉婷、冷武军
肖　佟、郭晓玉、郭玉微、顾学红、赵敬丽、郝刚敏、林　博
李宏光、齐玉宁、姚玉先、杨海军、陶树元、武会颖、冯　旭
王复兴、庞海燕、焦玉祥、贾小龙、上官竹心、张　娴
李佳敏、杨九功、蔡密林、马　玎、顾　伟、刘明辉、王　波
陆耀平、李梦飞、许　为、黄其林、至小一、刘广涛、赵　磊
林亚山、刘光辉、刘洪涛、刘红云、刘广帅、刘　悦、严家龙
龙紫牛、龚恩妮、杨云飞、张小鹏、赵　辉、裴维强、纪　鹏
王光顺、王　尧、俞云朝、高　峰、王立新、苑春雨、王宝山
王春辉、王　宁、魏永清、武山河、武玉杰、杨晓磊、闫晓帅
龚根建、张　东、张德月、张　涛、张　勇、周　杰